职业院校汽修类专业教材配套工作手册系列

U0646186

汽车电气设备构造与维修
学生工作手册

产教融合 模块化教学

QICHE DIANQI SHEBEI
GOUZAO YU WEIXIU
XUESHENG GONGZUO SHOUCE

总主编 周乐山
主 编 刘娟娟

北京师范大学出版集团
BEIJING NORMAL UNIVERSITY PUBLISHING GROUP
北京师范大学出版社

图书在版编目(CIP)数据

汽车电气设备构造与维修学生工作手册 / 刘娟娟主编. —3 版
—北京：北京师范大学出版社，2024.9
ISBN 978-7-303-29784-9

Ⅰ.①汽… Ⅱ.①刘… Ⅲ.①汽车－电气设备－构造－高
等职业教育－教材②汽车－电气设备－车辆修理－高等职业教
育－教材 Ⅳ.①U472.41

中国国家版本馆 CIP 数据核字(2024)第 034177 号

图书意见反馈：zhijiao@bnupg.com
营销中心电话：010-58802755　58800035
编辑部电话：010-58806368

出版发行：北京师范大学出版社　www.bnupg.com
　　　　　北京市西城区新街口外大街 12-3 号
　　　　　邮政编码：100088
印　　刷：天津旭非印刷有限公司
经　　销：全国新华书店
开　　本：787 mm×1092 mm　1/16
印　　张：8.5
字　　数：174 千字
版　　次：2024 年 9 月第 3 版
印　　次：2024 年 9 月第 7 次印刷
定　　价：26.80 元

策划编辑：庞海龙　　　　　责任编辑：林　子
美术编辑：焦　丽　　　　　装帧设计：焦　丽
责任校对：陈　民　　　　　责任印制：马　洁　赵　龙

致同学们

亲爱的同学们：

　　欢迎你们进入汽车专业课程学习阶段，为了更好地完成学习任务，我们编写了与教材配套的学生工作手册。本学生工作手册构建了一套完整的学习路径，用于任务实施前预习应知应会知识，任务实施过程中记录活动过程，任务完成后评价学习效果。

一、关于学习路径

　　学习路径为学生提供支撑其职业技能成长的综合学习方案，是对学生学习成长过程的科学规划。

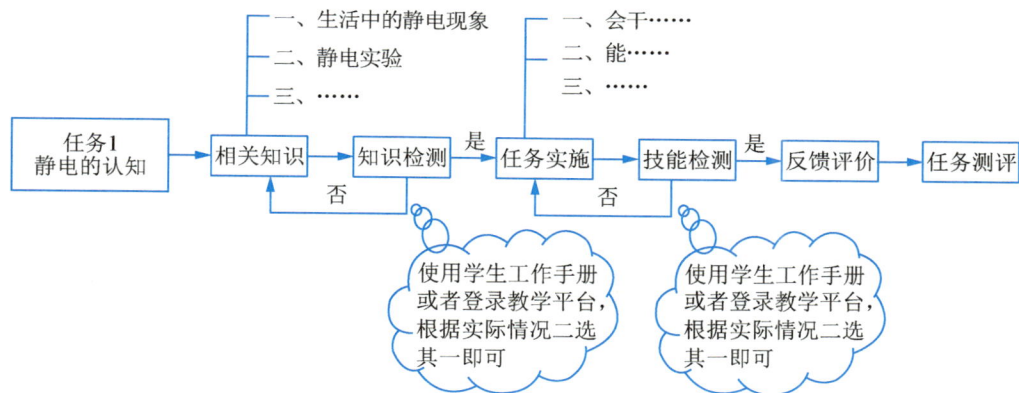

二、关于学习型小组

　　学习型小组是一个为共同完成学习任务目标，共享信息和其他资源，按一定的规则和程序，通过充分沟通和协商开展学习任务的小组。

　　为了更好地进行课程学习，在学习本课程前，请根据老师的要求，组建学习型小组。（要求：确定小组全体成员，选出小组组长，确定小组名称，选定一个富有激励作用的座右铭，制定好相应的小组公约）

小组座右铭：

小组名称：

组长：

小组公约
1.
2.
3.
4.
5.

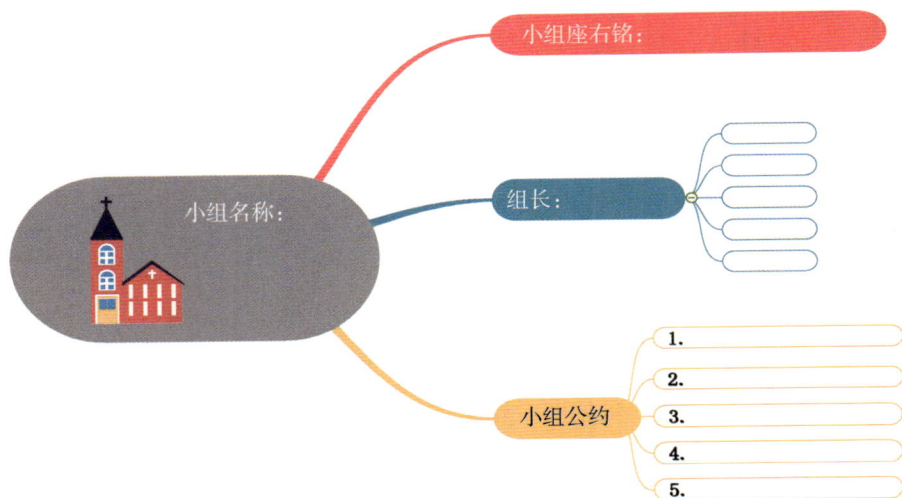

三、关于学习合同

学习合同是指学生与教师充分沟通后订立的教学合同，在课程学习前订立，便于教师了解学生对本课程学习内容、方法、效果的期望，同时学生也能了解教师对课程教学中学生要遵守的规则、学习方式、学习效果的期望。本学习合同要经过师生充分讨论后订立，并在课程教学过程中相互遵守。

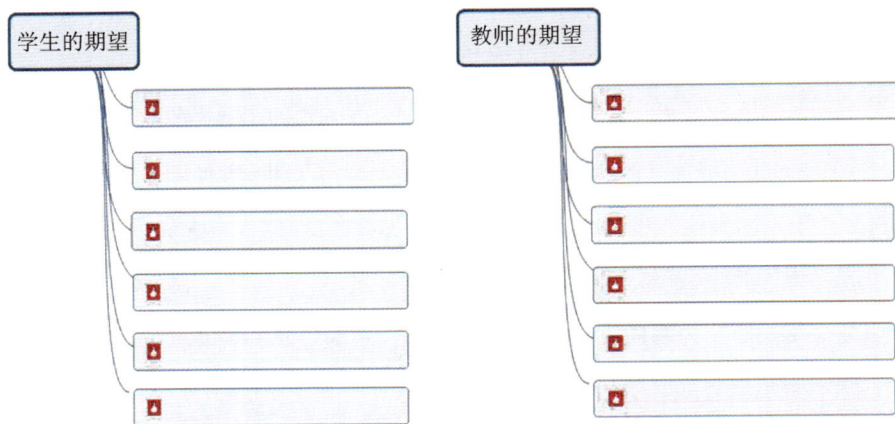

学生的期望

教师的期望

接下来，让我们一起进入本课程的学习。

目　录

项目 1
静电基础知识

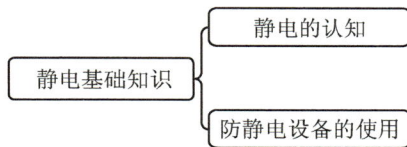

静电基础知识 —— 静电的认知

静电基础知识 —— 防静电设备的使用

任务 1 静电的认知

知识储备 ————————————————————————

为了完成本次工作任务，请在课前预习教材，熟悉相关应知应会知识点，并完成下面的学习任务。

自学任务：学习教材，独立完成下面的任务。

1. 静电产生的方式有_____和_____两种。

2. 静电的放电形式有_____和_____两种。

3. 如下图所示，请描述出它的原理。

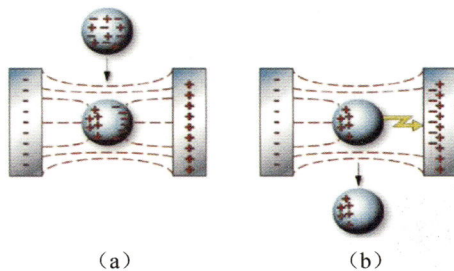

（a）　　　　　　（b）

_____

_____

_____。

任务 2　防静电设备的使用

知识储备

为了完成本次工作任务，请在课前预习教材，熟悉相关应知应会知识点，并完成下面的学习任务。

1. 防静电的措施主要有_____、_____、_____和_____四种。

2. 如下图所示，图中的数字分别指的是：

①_____　②_____　③_____　④_____。

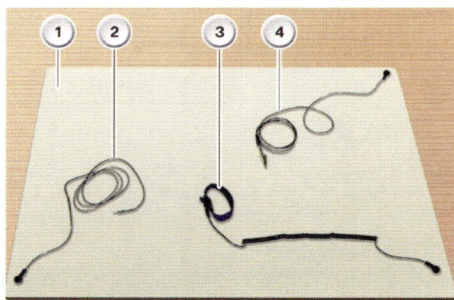

任务实施

为了更好地完成本次工作任务，请在课程实施过程中，按照教师的引导完成下面的学习任务。学生根据教材内容及提供的维修手册对本次任务进行学习，并记录技术要求中的相关知识点，把规范的实施步骤记录在下表中。

防静电设备的使用

操作步骤	图解	完成情况	操作步骤	图解	完成情况
1			2		

续表

操作步骤	图解	完成情况	操作步骤	图解	完成情况
3			4		
5			6		

反馈评价

在本次学习任务中，得到的总体评价见下表。

评价内容	配分	序号	具体指标	分值	得分 自评	得分 组评	得分 师评
仪容仪表	15	1	工作服、鞋、胸卡穿戴整洁	5			
		2	发型、指甲等符合工作要求	5			
		3	不佩戴首饰、钥匙、手表等	5			
学习过程	60	4	能说出生活中的静电现象	5			
		5	能说出静电产生的机理	5			
		6	能说出静电放电的形式	5			
		7	会描述汽车方面的静电现象	10			
		8	能说出静电放电的危害	10			

续表

评价内容	配分	序号	具体指标	分值	得分		
					自评	组评	师评
		9	会分析静电放电的影响因素	5			
		10	能说出防止静电产生的措施	10			
		11	能正确使用防静电设备	10			
职业素养	25	12	遵守规章制度	5			
		13	服从安排，积极参与	5			
		14	在规定时间内完成	5			
		15	环保意识	5			
		16	认真执行 5S 工作	5			
综合得分				100			

任务测评

一、选择题

1. 在哪些条件下会产生静电？（　　）

A. 在所有手工处理电子部件的工作中　　　　B. 在人体接触一个透明塑料袋时

C. 在接触电池时　　　　　　　　　　　　　D. 在 PVC 地板上走动时

2. 为什么必须保持电子部件的原始包装？（　　）

A. 须将其作为特殊垃圾分开处理

B. 作为静电防护包装，在报修的仓储和运输过程中必须重新使用

C. 以后需要用来识别部件

3. 下列哪种情况下静电电压为 3 000 V？（　　）

A. 人类感知的界限

B. 在人类能够感知的电压界限以下产生的损坏

C. 听到放电的声音

D. 看到放电的火花

4. 为什么过去（如 30 年前）人们在汽车业中未重视静电？（　　）

A. 因为静电在当时还是未知的

B. 静电在当时未存在汽车中

C. 一想到车间，人们自然会想到机械

5. 空气相对湿度的百分比为多大时产生的静电电压最高？（　　）

A. 70%　　　　　　　　B. 40%　　　　　　　　C. 80%　　　　　　　　D. 15%

二、简答题

1. 简述零件的失效形式，并说明其会产生哪些危害。

2. 查阅资料并举例说明：静电有那么多不良影响，但是也可以造福人类。

项目 1 评价

　　本项目学习结束了，感谢你始终如一地努力学习和积极配合。为了能使我们不断地作出改进，提高专业教学效果，我们珍视各种建议、创意和批评。为此，我们很乐于了解你对本项目学习的真实看法。当然，这一过程中所收集的数据采用不记名的方式，我们都将保密，且不会透露给第三方。对于有些问题，只需作出选择；有些问题，则请以几个关键词给出一个简单的答案。

项目名称：　　　　　　　　　　　　　　教师名称：

课程时间：　年　月　日—　日第　周	很满意	满意	一般	不满意	很不满意
项目教学组织评价☺☺☹					
1. 你对实训楼整个教学秩序是否满意？	☐	☐	☐	☐	☐
2. 你对实训楼整个环境卫生状况是否满意？	☐	☐	☐	☐	☐
3. 你对实训楼学生整体的纪律表现是否满意？	☐	☐	☐	☐	☐
4. 你对你们这一小组的总体表现是否满意？	☐	☐	☐	☐	☐
5. 你对这种理实一体的教学模式是否满意？	☐	☐	☐	☐	☐
培训教师评价☺☺☹					
6. 你如何评价培训教师(总体印象/能力/表达能力/说服力)？	☐	☐	☐	☐	☐
7. 教师组织培训通俗易懂、结构清晰。	☐	☐	☐	☐	☐
8. 教师非常关注学生的反应。	☐	☐	☐	☐	☐
9. 教师能认真指导学生，对任何学生都不放弃。	☐	☐	☐	☐	☐
10. 你对培训氛围是否满意？	☐	☐	☐	☐	☐
11. 你认为理论和实践的比例分配是否合适？	☐	☐	☐	☐	☐

12. 你对教师在岗情况是否满意(上课经常不在培训室、 □ □ □ □ □
    接打手机等)?

培训内容评价☺☺☹

13. 你对培训涉及的题目及内容是否满意? □ □ □ □ □

14. 课程内容是否适合你的知识水平? □ □ □ □ □

15. 培训中使用的各种器材是否丰富? □ □ □ □ □

16. 你对发放的学生工作手册是否满意? □ □ □ □ □

请回答下列问题。

1. 在学习组织方面,哪些地方还需要进一步改进?
_____
_____

2. 哪些培训内容你特别感兴趣?为什么?
_____
_____

3. 哪些培训内容你不感兴趣?为什么?
_____
_____

4. 关于培训内容,是否还有你想学但教师没有涉及的?如有,请指出。
_____
_____

5. 你对哪些培训内容比较满意?哪些方面还需要进一步改进?
_____
_____

6. 你希望每次活动都给小组留有一定的讨论时间吗?如果有,你认为多长时间
合适?
_____
_____

7. 通过这个项目的学习,你最想对自己说些什么?
_____
_____

8. 通过这个项目的学习,你最想对教授本项目的教师说些什么?
_____
_____

项目 2
汽车电路图识读

任务地图 ////////////

```
                                    ┌─── 汽车电路基础元件的认知
                                    │
            汽车电路图识读 ──────────┼─── 汽车车载网络系统的认知
                                    │
                                    └─── 整车电路图的识读
```

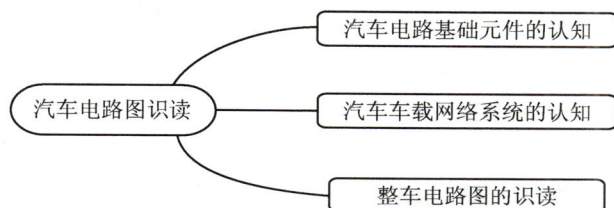

任务 1 汽车电路基础元件的认知

知识储备 ////////////

为了完成本次工作任务，请在课前预习教材，熟悉相关应知应会知识点，并完成下面的学习任务。

自学任务：学习教材，独立完成下面的任务。

知识点 1 汽车电器的组成

汽车电器由_____、_____和_____部分组成。

知识点 2 汽车电器的特点

根据汽车电器接线示意图，写出汽车电器的特点：_____、_____、_____、_____和_____。

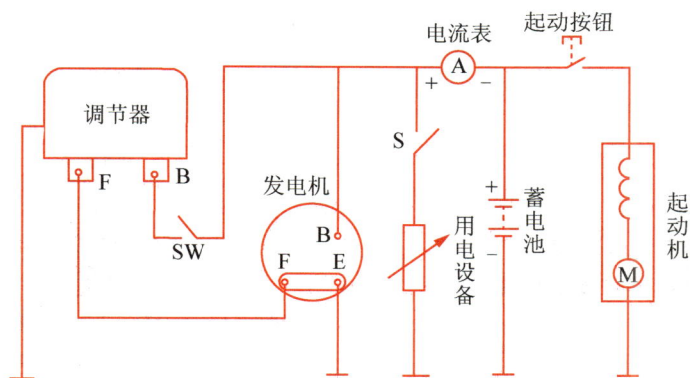

知识点 3   汽车电路的组成

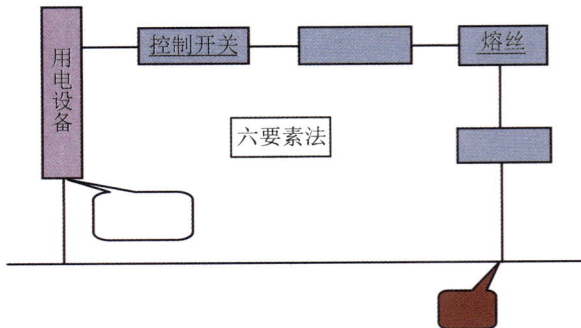

知识点 4   汽车电路基础元件的识别

请写出以下汽车电路基础元件的名称：

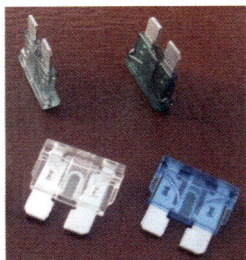

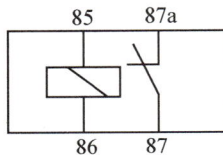

_____   _____

为了更好地完成本次工作任务，请在课程实施过程中，按照教师的引导完成下面的学习任务。学生根据教材内容及提供的维修手册对本次任务进行学习，并记录技术要求中的相关知识点，把规范的实施步骤记录在下表中。

电路元器件的检测

操作步骤	图解	完成情况	操作步骤	图解	完成情况
1			2		

操作步骤	图解	完成情况	操作步骤	图解	完成情况
3			4		
5			6		
7			8		
9			10		
11			12		

续表

操作步骤	图解	完成情况	操作步骤	图解	完成情况
13			14		
15					

反馈评价

在本次学习任务中，得到的总体评价见下表。

评价内容	配分	序号	具体指标	分值	得分		
					自评	组评	师评
仪容仪表	15	1	工作服、鞋、胸卡穿戴整洁	5			
		2	发型、指甲等符合工作要求	5			
		3	不佩戴首饰、钥匙、手表等	5			
学习过程	60	4	无人员受伤及设备损伤事故	5			
		5	能说出汽车电气设备的组成和特点	10			
		6	能识别汽车电路各组成元件	5			
		7	会判断导线的好坏	10			
		8	会判断继电器的好坏	10			
		9	会进行插接器的插拔	10			
		10	会判断熔丝的好坏	10			

续表

评价内容	配分	序号	具体指标	分值	得分		
					自评	组评	师评
职业素养	25	11	遵守规章制度	5			
		12	服从安排，积极参与	5			
		13	在规定时间内完成	5			
		14	环保意识	5			
		15	认真执行 5S 工作	5			
综合得分				100			

任务测评

一、判断题

1. 在汽车电路图中，导线上一般都标有用来表示截面积和颜色的特征代号。（   ）

2. 我国标准规定汽车线路采用正极搭铁。（   ）

3. 汽车电气系统中，各用电设备均并联在线路中，并由各自的开关控制。（   ）

4. 汽车电气系统中将导线做成线束，保证整车电线美观整齐。（   ）

5. 汽车电源包括蓄电池和发电机两个电源。蓄电池是辅助电源，发电机是主要电源。
（   ）

二、选择题

1. 汽车信号系统主要包括（   ）。

A. 转向信号　　　　　B. 危险报警信号　　　　C. 扬声器信号

D. 制动信号　　　　　E. 倒车信号

2. 照明系统一般包括（   ）。

A. 前照灯　　　　　　B. 示廓灯　　　　　　　C. 雾灯

D. 牌照灯　　　　　　E. 室内照明灯

3. 电路图中在电路的中断处有 1.0R，"1.0R"表示该导线（   ）。

A. 标称截面积为 1.0 mm^2　　　　　　　B. 标称截面积为 0.1 mm^2

C. 是红色的　　　　　　　　　　　　　D. 是黑色的

4. 汽车电气设备的特点有（   ）。

A. 单线制　　　　　　　　　　　　　　B. 负极搭铁

C. 两个电源　　　　　　　　　　　　　D. 各用电设备并联

三、填空题

1. 熔丝盒在汽车上的位置有_____；_____。

2. 继电器的作用是_____电流控制_____电流，主要有_____型、_____型和_____三种。

3. 安装线束时应注意：_____，_____，_____。

4. 当电路中电流超过规定值时，熔丝自身发热而_____，切断电路，防止_____电路连接导线和_____。

任务 2　汽车车载网络系统的认知

知识储备 ——

为了完成本次工作任务，请在课前预习教材，熟悉相关应知应会知识点，并完成下面的学习任务。

自学任务：学习教材，独立完成下面的任务。

知识点 1　车载网络的类型

1. CAN 总线传输速率一般为_____。

2. MOST 总线用于_____系统，利用_____作为传输介质。

3. FlexRay 总线伴随线控技术产生，传输速率_____ MB/s。

知识点 2　车载网络的组成

请根据车载网络的组成，完成下图。

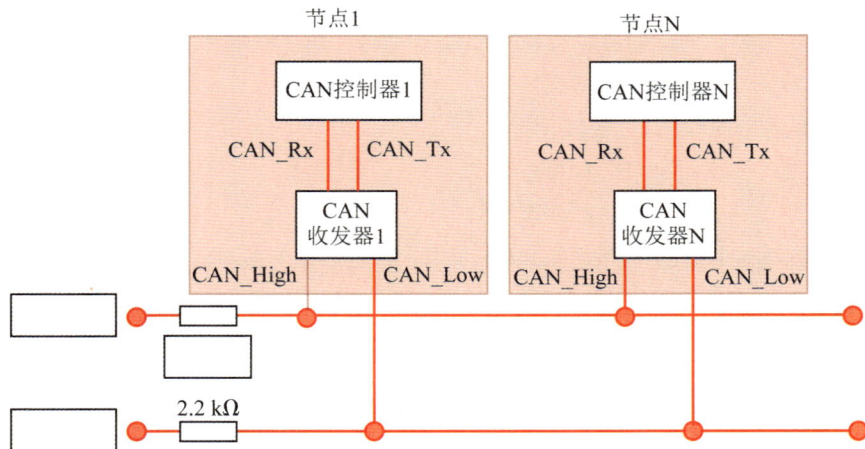

学习任务

为了完成本次工作任务，请在课程学习过程中，按照教师的引导完成下面的学习任务。

学习任务 1　车载网络系统的类型

1. _____。

2. _____。

3. _____。

4. _____。

5. _____。

6. _____。

学习任务 2　车载网络系统的组成及作用

1. CAN 控制器：_____。

2. _____：是一个发送器和接收器的结合，它将 CAN 控制器提供的数据转化为电信号并通过数据总线发送出去；同时，它也接收数据总线的数据，并将数据传输给 CAN 控制器。

3. 数据传输终端：_____。

4. CAN 数据总线：_____。

反馈评价

在本次学习任务中，得到的总体评价见下表。

评价内容	配分	序号	具体指标	分值	得分		
					自评	组评	师评
仪容仪表	15	1	工作服、鞋、胸卡穿戴整洁	5			
		2	发型、指甲等符合工作要求	5			
		3	不佩戴首饰、钥匙、手表等	5			
学习过程	60	4	无人员受伤及设备损伤事故	10			
		5	能说出车载网络系统的类型	10			
		6	能说出车载网络系统的基本组成	10			
		7	能说出车载网络系统的作用	10			
		8	能判别车载网络系统电路	20			

续表

评价内容	配分	序号	具体指标	分值	得分		
					自评	组评	师评
职业素养	25	9	遵守规章制度	5			
		10	服从安排，积极参与	5			
		11	在规定时间内完成	5			
		12	环保意识	5			
		13	认真执行 5S 工作	5			
综合得分				100			

任务测评

一、判断题

1. 数据传输终端实际上是一个电阻器，其作用是保护数据，避免数据传输到终端被反射回来而产生反射波使数据遭到破坏。　　　　　　　　　　　　　　　（　）

2. CAN 数据总线是传输数据的双向数据线，分为高位数据线 CAN-H 和低位数据线 CAN-L。为防止外界电磁波干扰和向外辐射，CAN 数据总线通常缠绕在一起，为双绞线形式。　　　　　　　　　　　　　　　　　　　　　　　　　　　　　　（　）

3. LIN 总线伴随线控技术产生，传输速率为 5～10MB/s，在实时性和可靠性方面优势明显。　　　　　　　　　　　　　　　　　　　　　　　　　　　　　　　（　）

二、选择题

1. 车载网络系统的组成部分有（　　　）。

A. CAN 控制器　　　　　　　　　　　　　B. CAN 收发器

C. 数据传输终端　　　　　　　　　　　　D. CAN 数据总线

2. 高速 CAN 总线多用于实时性较高的动力总成，如（　　　）。

A. 发动机　　　　　　　　　　　　　　　B. 底盘

C. 变速器　　　　　　　　　　　　　　　D. 车载娱乐系统

3. 现今车载网络的常见总线类型有（　　　）。

A. CAN　　　　　　　B. MOST　　　　　　　C. LIN　　　　　　　D. Bluetooth

三、填空题

1. CAN 收发器是一个_____和_____的结合，它将 CAN 控制器提供的数据转化为_____并通过数据总线发送出去；同时，它也接收数据总线的数据，并将数据传输给 CAN 控制器。

2. 为防止外界电磁波干扰和向外辐射，CAN 数据总线通常缠绕在一起，为_____形式。

3. MOST 总线用于_____，利用_____作为传输介质，进行数字信号的传输，能够处理针对多个目标的不同数据流。

任务 3　整车电路图的识读

知识储备

为了完成本次工作任务，请在课前预习教材，熟悉相关应知应会知识点，并完成下面的学习任务。

自学任务：学习教材，独立完成下面的任务。

知识点 1　汽车整车电路图的基本标识

图形	名称	图形	名称
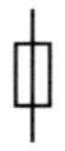			
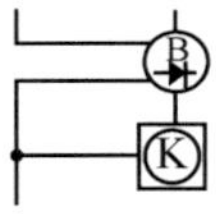		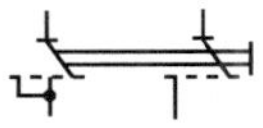	
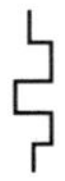		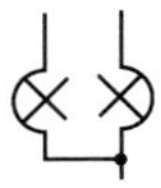	

知识点 2　汽车整车电路图的识读

请写出下图中 9，12，13，15，16 所表示的内容。

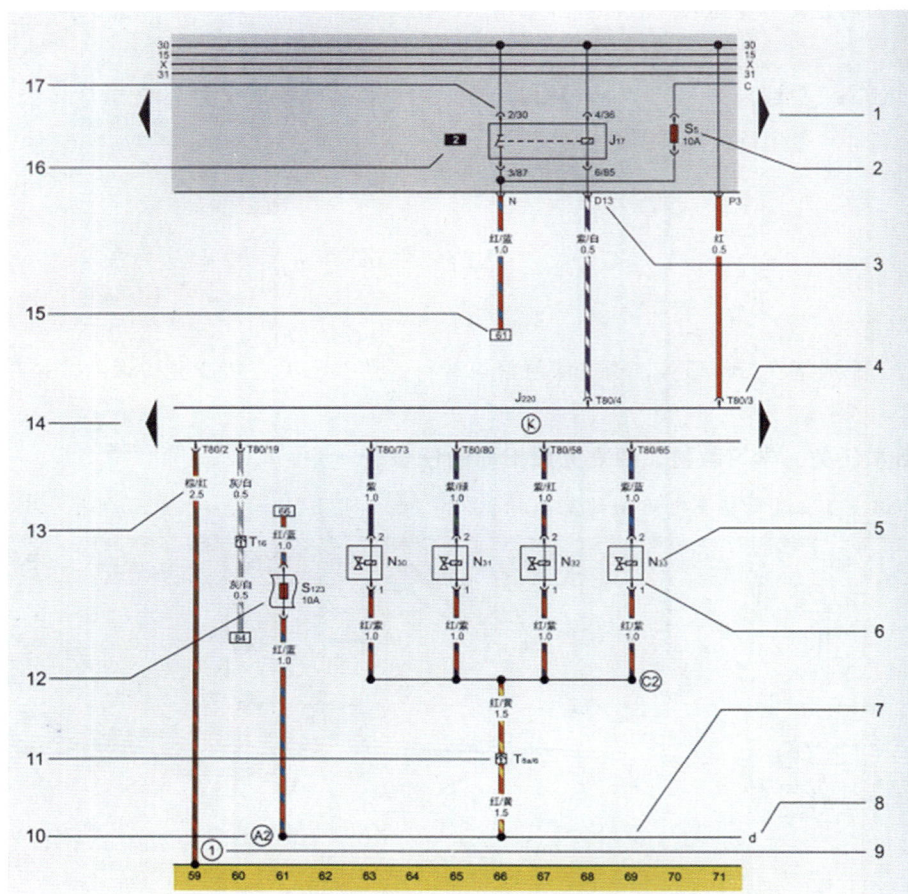

9. _____　　12. _____　　13. _____　　15. _____　　16. _____

学习任务

　　为了完成本次工作任务，请在课程学习过程中，按照教师的引导完成下面的学习任务。

学习任务 1　识读电路图要领

1. _____ 。

2. _____ 。

3. _____ 。

4. _____ 。

5. _____ 。

学习任务 2　拆画电路图

请根据下图，拆画起动机电路图。

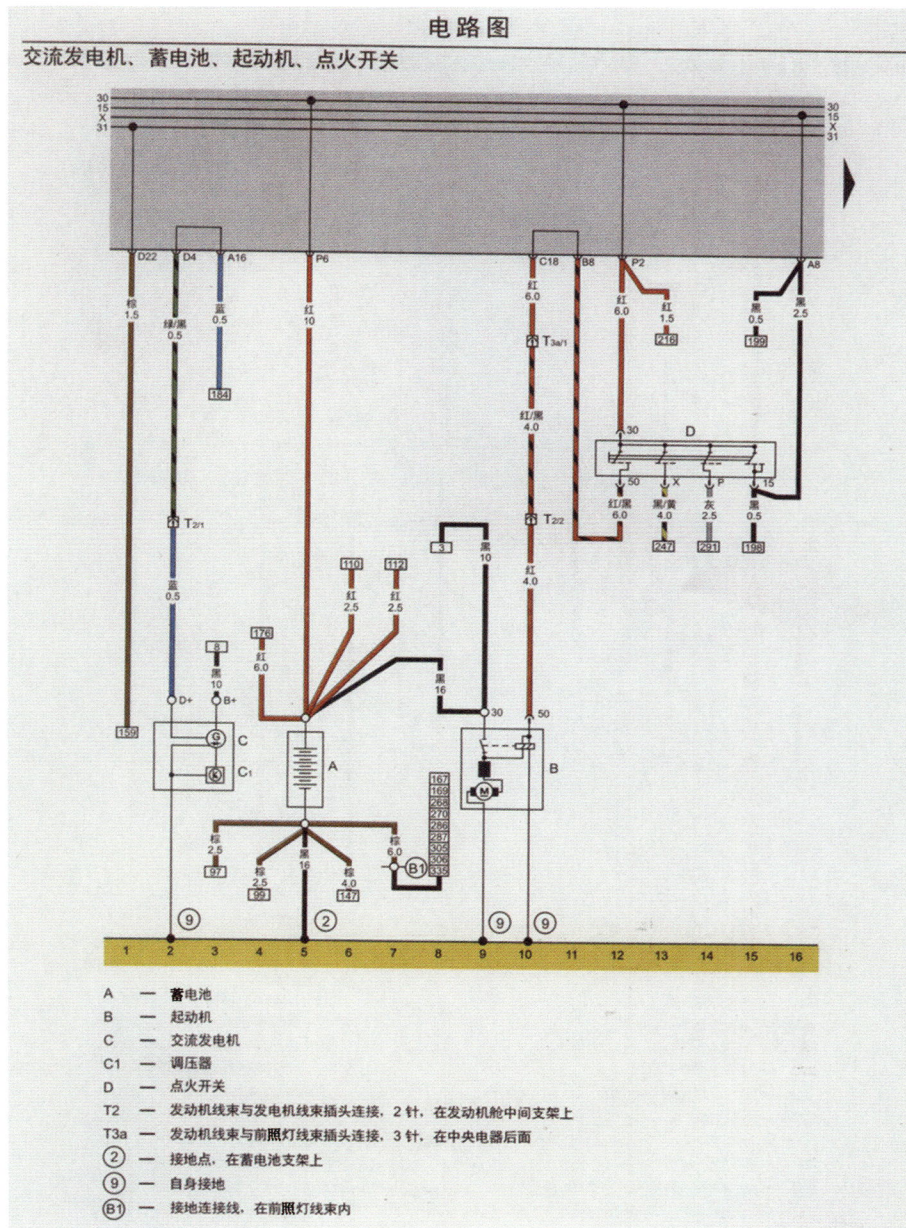

电路图

交流发电机、蓄电池、起动机、点火开关

A　—　蓄电池
B　—　起动机
C　—　交流发电机
C1　—　调压器
D　—　点火开关
T2　—　发动机线束与发电机线束插头连接，2 针，在发动机舱中间支架上
T3a　—　发动机线束与前照灯线束插头连接，3 针，在中央电器后面
②　—　接地点，在蓄电池支架上
⑨　—　自身接地
B1　—　接地连接线，在前照灯线束内

反馈评价

在本次学习任务中，得到的总体评价见下表。

评价内容	配分	序号	具体指标	分值	得分		
					自评	组评	师评
仪容仪表	15	1	工作服、鞋、胸卡穿戴整洁	5			
		2	发型、指甲等符合工作要求	5			
		3	不佩戴首饰、钥匙、手表等	5			
学习过程	60	4	无人员受伤及设备损伤事故	5			
		5	能说出整车电路图的作用	10			
		6	能识别整车电路图中的基本标识	15			
		7	能说出识读整车电路图的要点	10			
		8	能利用维修手册分析整车电路图	20			
职业素养	25	9	遵守规章制度	5			
		10	服从安排，积极参与	5			
		11	在规定时间内完成	5			
		12	环保意识	5			
		13	认真执行 5S 工作	5			
综合得分				100			

任务测评

一、判断题

1.30 号线为常火线，与蓄电池相连。（　　）

2. 汽车整车电路图是实际的连接导线，因此电路图可以代替敷线图。（　　）

3. 拆画电路图时可以随意改动线路的连接，不会影响到故障的诊断。（　　）

4. 棕/红 2.5 表示该导线的颜色是以棕色为主，红色为辅，其标称截面积为 2.5 m^2。
（　　）

二、选择题

1. 汽车整车电路图的作用是（　　）。

A. 便于详细理解表达对象的线路布置

B. 为检测、寻找故障、排除故障提供信息

C. 为绘制接线图提供依据

2. 下列哪一个图形代表的是机械开关？(　　　)

A. （图形）　　　B. （图形）　　　C. （图形）　　　D. （图形）

3. 拆画电路图时注意(　　　)。

A. 要在分析的基础上拆画电路图　　　B. 在拆画时，尽量避免线路的交叉

C. 所用电器元件都应掌握回路原则　　　D. 不能随意改动线路的连接

三、填空题

1. X 号线为_____，该线上所接的用电设备都为大功率用电设备，当汽车起动时，需要大的电流，就把 X 线上的用电设备卸载掉，增大_____，因此也称为_____。

2. 请写出以下元器件图示的名称。

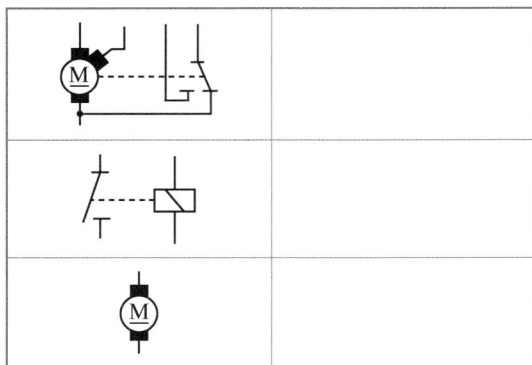

（图形符号）	
（图形符号）	
（图形符号）	

3. 在桑塔纳 2000 汽车的电路图中 T8a/6 表示_____。

项目 2 评价

　　本项目学习结束了，感谢你始终如一地努力学习和积极配合。为了能使我们不断地作出改进，提高专业教学效果，我们珍视各种建议、创意和批评。为此，我们很乐于了解你对本项目学习的真实看法。当然，这一过程中所收集的数据采用不记名的方式，我们都将保密，且不会透露给第三方。对于有些问题，只需作出选择；有些问题，则请以几个关键词给出一个简单的答案。

项目名称：　　　　　　　　　　　　　　　　教师名称：

课程时间：　　年　月　日—　日第　周　　　很满意　满意　一般　不满意　很不满意

项目教学组织评价☺☺☹

1. 你对实训楼整个教学秩序是否满意？　　　□　　□　　□　　□　　□

2. 你对实训楼整个环境卫生状况是否满意？　□　□　□　□　□

3. 你对实训楼学生整体的纪律表现是否满意？　□　□　□　□　□

4. 你对你们这一小组的总体表现是否满意？　□　□　□　□　□

5. 你对这种理实一体的教学模式是否满意？　□　□　□　□　□

培训教师评价☺☺☹

6. 你如何评价培训教师(总体印象/能力/表达能力/说　□　□　□　□　□
服力)？

7. 教师组织培训通俗易懂、结构清晰。　□　□　□　□　□

8. 教师非常关注学生的反应。　□　□　□　□　□

9. 教师能认真指导学生，对任何学生都不放弃。　□　□　□　□　□

10. 你对培训氛围是否满意？　□　□　□　□　□

11. 你认为理论和实践的比例分配是否合适？　□　□　□　□　□

12. 你对教师在岗情况是否满意(上课经常不在培训室、　□　□　□　□　□
接打手机等)？

培训内容评价☺☺☹

13. 你对培训涉及的题目及内容是否满意？　□　□　□　□　□

14. 课程内容是否适合你的知识水平？　□　□　□　□　□

15. 培训中使用的各种器材是否丰富？　□　□　□　□　□

16. 你对发放的学生工作手册是否满意？　□　□　□　□　□

请回答下列问题。

1. 在学习组织方面，哪些地方还需要进一步改进？
_____
_____

2. 哪些培训内容你特别感兴趣？为什么？
_____
_____

3. 哪些培训内容你不感兴趣？为什么？
_____
_____

4. 关于培训内容，是否还有你想学但教师没有涉及的？如有，请指出。
_____
_____

5. 你对哪些培训内容比较满意？哪些方面还需要进一步改进？

_____

_____

6. 你希望每次活动都给小组留有一定的讨论时间吗？如果有，你认为多长时间合适？

_____

_____

7. 通过这个项目的学习，你最想对自己说些什么？

_____

_____

8. 通过这个项目的学习，你最想对教授本项目的教师说些什么？

_____

_____

项目 3
汽车电源系统构造与维修

任务地图

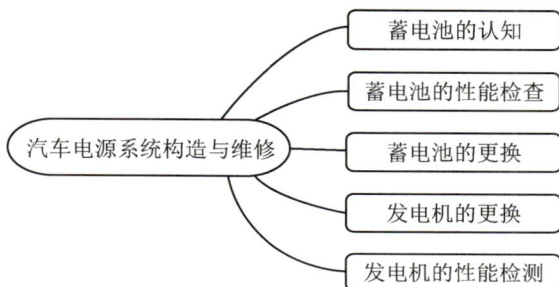

任务 1 蓄电池的认知

知识储备

为了完成本次工作任务，请在课前预习教材，熟悉相关应知应会知识点，并完成下面的学习任务。

自学任务：学习教材，独立完成下面的任务。

知识点 1 蓄电池的结构

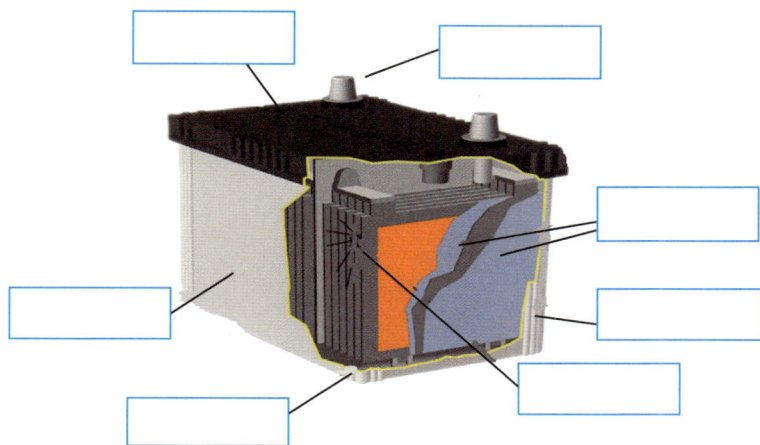

知识点2　蓄电池的作用、分类

1. 发动机起动时，向_____和_____供电。

2. 常见的铅酸蓄电池一类是_____，另一类是_____。

3. 发动机低速运转时，向_____和_____供电。

学习任务

为了完成本次工作任务，请在课程学习过程中，按照教师的引导完成下面的学习任务。

学习任务1　不同地区和气候条件下电解液的相对密度

气候条件	完全充足电的蓄电池在25℃时的电解液相对密度	
	冬季	夏季
冬季温度低于−40℃的地区		
冬季温度在−40℃以上的地区		
冬季温度在−30℃以上的地区		
冬季温度在−20℃以上的地区		
冬季温度在0℃以上的地区		

学习任务2　蓄电池型号的识读

(1)6-QA-100

(2)3-Q-90

学习任务3　蓄电池的容量

①_____　②_____　③_____

反馈评价

在本次学习任务中，得到的总体评价见下表。

评价内容	配分	序号	具体指标	分值	得分		
					自评	组评	师评
仪容仪表	15	1	工作服、鞋、胸卡穿戴整洁	5			
		2	发型、指甲等符合工作要求	5			
		3	不佩戴首饰、钥匙、手表等	5			

续表

评价内容	配分	序号	具体指标	分值	得分		
					自评	组评	师评
学习过程	60	4	无人员受伤及设备损伤事故	10			
		5	车辆的前期准备工作	10			
		6	一油三液的检查	10			
		7	能指出蓄电池作用、分类	10			
		8	能说出蓄电池的结构	10			
		9	会分析蓄电池的工作原理	10			
职业素养	25	10	遵守规章制度	5			
		11	服从安排，积极参与	5			
		12	在规定时间内完成	5			
		13	环保意识	5			
		14	认真执行 5S 工作	5			
综合得分				100			

任务测评

一、填空题

1. 6-QW-60 型蓄电池表示：由 _____个单格电池串联组成，蓄电池额定电压为 _____ V，额定容量为 _____ A·h。

2. 普通铅酸蓄电池电解液液面高度应高出防护板_____。

3. 铅酸蓄电池的电解液的主要成分有_____和_____两种。正常电解液的密度一般为_____。

4. 蓄电池正极板的活性物质是_____，负极板的活性物质是_____。

5. 蓄电池的主要部件由_____、_____、_____、_____、_____、_____、_____等部分组成。

二、判断题

1. 汽车常用的蓄电池是铅酸蓄电池。 （　　）

2. 隔板的主要材料一般选用微孔塑料。 （　　）

3. 为了加大蓄电池的电压，通常将多个单格电池并联。 （　　）

4. 在汽车上给蓄电池充电时，先接蓄电池的负极接线柱，再接蓄电池的正极接线柱。
　　　　　　　　　　　　　　　　　　　　　　　　　　　　　　　　　（　　）

5. 单格电池上的负极板始终比正极板多一块。 （   ）

6. 蓄电池充电终了的一个标准是单格电池电压达到 2.4 V。 （   ）

7. 蓄电池具有额定电压较小但瞬时电流可以很大的特点。 （   ）

三、选择题

1. 技师甲说，蓄电池储存的是大量电荷形成的电能。技师乙说，蓄电池储存的是化学能。关于这两种说法（   ）。

A. 甲正确   B. 乙正确   C. 均正确   D. 均不正确

2. 技师甲说，对蓄电池的最大需求是正常供电给起动机工作。技师乙说，开动启动电动机需要几百安培的电流。谁正确？（   ）

A. 甲正确   B. 乙正确   C. 均正确   D. 均不正确

3. 冬季，在不结冰的前提下，应尽可能采用（   ）相对密度的电解液。

A. 稍高   B. 较高   C. 较低   D. 稍低

4. 电池提高极板活性物质表面积的方法有（   ）。

A. 增加极板片数   B. 提高活性物质的多孔率

C. 加稀硫酸   D. 加蒸馏水

5. 蓄电池的静止电动势单个电压是（   ）V。

A. 2   B. 1.75   C. 1.95～2.15   D. 2.4

任务 2　蓄电池的性能检查

知识储备

为了完成本次工作任务，请在课前预习教材，熟悉相关应知应会知识点，并完成下面的学习任务。

自学任务：学习教材，独立完成下面的任务。

知识点 1　蓄电池的正确使用

1. 三抓

(1)抓_____；(2)抓_____；(3)抓_____。

2. 五防

(1)防_____；(2)防_____；(3)防_____；

(4)防_____；(5)_____。

知识点 2　蓄电池的检查及防护

1. 连接蓄电池和充电机接线柱时，先接_____，后接_____。

2. 蓄电池电解液密度应调至_____。蓄电池电解液由_____和_____组成。

3. 车辆的基本防护安装_____和_____；安全检查_____。

任务实施

　　为了更好地完成本次工作任务，请在课程实施过程中，按照教师的引导完成下面的学习任务。学生根据教材内容及提供的维修手册对本次任务进行学习，并记录技术要求中的相关知识点，把规范的实施步骤记录在下列表中。

检测蓄电池

操作步骤	图解	完成情况	操作步骤	图解	完成情况
1			2		
3			4	检查蓄电池外壳是否损坏	
5			6		

续表

操作步骤	图解	完成情况	操作步骤	图解	完成情况
7			8		
9			10		
11			12		

操作步骤	图解	完成情况	操作步骤	图解	完成情况
13			14		
15					

蓄电池的补充充电

操作步骤	图解	完成情况	操作步骤	图解	完成情况
1			2		
3			4		

操作步骤	图解	完成情况	操作步骤	图解	完成情况
5			6		
7			8		

反馈评价

在本次学习任务中，得到的总体评价见下表。

评价内容	配分	序号	具体指标	分值	得分		
					自评	组评	师评
仪容仪表	15	1	工作服、鞋、胸卡穿戴整洁	5			
		2	发型、指甲等符合工作要求	5			
		3	不佩戴首饰、钥匙、手表等	5			
学习过程	60	4	无人员受伤及设备损伤事故	5			
		5	车辆的前期准备工作	5			
		6	一油三液的检查	10			
		7	会使用蓄电池性能检测仪	5			
		8	会进行蓄电池的性能检查	10			
		9	能说出蓄电池的充电方法	15			
		10	会进行蓄电池的补充充电	10			

续表

评价内容	配分	序号	具体指标	分值	得分		
					自评	组评	师评
职业素养	25	11	遵守规章制度	5			
		12	服从安排，积极参与	5			
		13	在规定时间内完成	5			
		14	环保意识	5			
		15	认真执行 5S 工作	5			
综合得分				100			

任务测评

一、填空题

1. 每次起动时间不超过 _____ s，起动间隔时间 _____ s，最多连续起动 _____ 次。

2. 新蓄电池的存放时间不得超过_____年。

3. 蓄电池不要受阳光直射，离热源距离不小于_____ m。

二、判断题

1. 蓄电池极板一般为单数，至少三片以上，负极板总比正极板多一块。　（　　）

2. 蓄电池槽用来储存电解液与支撑极板，所以它必须具备防止酸液泄漏、耐腐蚀、坚固和耐高温等特性。　（　　）

3. 蓄电池在补充充电连接时，必须先接负极，后接正极。　（　　）

4. 蓄电池供给外电路电流时为放电。　（　　）

三、简答题

1. 简述新蓄电池的储存方法。

2. 简述蓄电池补充充电步骤。

任务 3　蓄电池的更换

知识储备

为了完成本次工作任务，请在课前预习教材，熟悉相关应知应会知识点，并完成下面的学习任务。

自学任务：学习教材，独立完成下面的任务。

知识点 1　蓄电池拆装要求

1. 拆下蓄电池电缆线，千万注意一定要先拆_____。

2. 在蓄电池极柱和盖的周围常会有黄白色的糊状物，这是因为_____等造成的，这些物质的电阻很大，要及时清除。

3. 蓄电池在放置时应避免_____、_____。

知识点 2　蓄电池的保养

1. 起动汽车时每次起动时间不应超_____ s，再次起动间隔时间不少于_____ s。

2. 汽车蓄电池的使用时间超过_____年，建议更换。

3. 如果汽车长期放置不用，应先对其进行充分的充电。同时每隔_____月将汽车发动起来，中等转速运行_____左右。否则，放置时间太长，将难以起动。

任务实施

为了更好地完成本次工作任务，请在课程实施过程中，按照教师的引导完成下面的学习任务。学生根据教材内容及提供的维修手册对本次任务进行学习，并记录技术要求中的相关知识点，把规范的实施步骤记录在下表中。

蓄电池的更换

操作步骤	图解	完成情况	操作步骤	图解	完成情况
1			2		
3			4		
5			6		
7			8		
9			10		

续表

操作步骤	图解	完成情况	操作步骤	图解	完成情况
11			12		
13			14		

反馈评价

在本次学习任务中，得到的总体评价见下表。

评价内容	配分	序号	具体指标	分值	得分		
					自评	组评	师评
仪容仪表	15	1	工作服、鞋、胸卡穿戴整洁	5			
		2	发型、指甲等符合工作要求	5			
		3	不佩戴首饰、钥匙、手表等	5			
学习过程	60	4	无人员受伤及设备损伤事故	10			
		5	车辆的前期准备工作	10			
		6	能说出蓄电池的更换周期	10			
		7	能说出蓄电池拆装注意事项	5			
		8	会进行蓄电池的更换	15			
		9	会判断蓄电池状态	10			
职业素养	25	10	遵守规章制度	5			
		11	服从安排，积极参与	5			
		12	在规定时间内完成	5			
		13	环保意识	5			
		14	认真执行 5S 工作	5			
综合得分				100			

任务测评 ———

一、填空题

1. 检查电解液液位（目视液位标线），加水一定要加_____，不能添加已经配制好的电解液。

2. 蓄电池的充电方法有_____和_____。

二、判断题

1. 当普通铅酸蓄电池使用一段时间之后，需要定期为蓄电池添加纯净水。　　（　　）

2. 用数字式万用表测量完毕后，应该将挡位调到电阻最大挡后关闭万用表。（　　）

3. 蓄电池定电流充电时不用考虑充电时间。　　　　　　　　　　　　　　（　　）

4. 目前给蓄电池充电的方法大多采用定电流充电。　　　　　　　　　　　（　　）

三、简答题

1. 简述蓄电池拆装注意事项。

2. 简述蓄电池的更换步骤。

任务 4　发电机的更换

知识储备

为了完成本次工作任务，请在课前预习教材，熟悉相关应知应会知识点，并完成下面的学习任务。

自学任务：学习教材，独立完成下面的任务。

知识点　发电机的结构

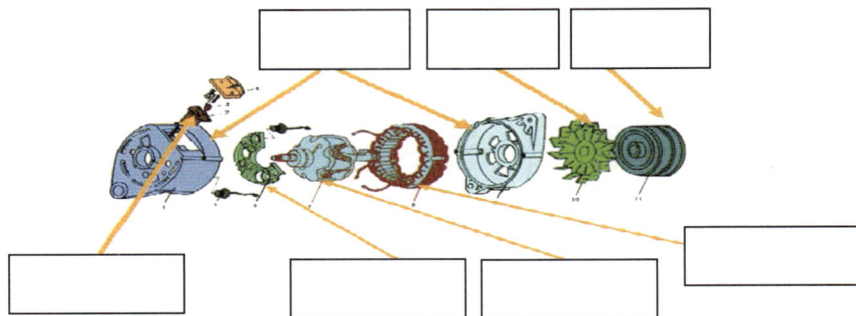

1. 转子的功用是产生旋转的磁场。转子由_____、_____、_____、_____、_____等组成。

2. 整流器总成的形状各异，有_____、_____和_____等。

3. 交流发电机整流器和定子绕组的连接电路分为_____和_____连接。

任务实施

为了更好地完成本次工作任务，请在课程实施过程中，按照教师的引导完成下面的学习任务。学生根据教材内容及提供的维修手册对本次任务进行学习，并记录技术要求中的相关知识点，把规范的实施步骤记录在下表中。

发电机的更换

操作步骤	图解	完成情况	操作步骤	图解	完成情况
1			2		

续表

操作步骤	图解	完成情况	操作步骤	图解	完成情况
3			4		
5			6		
7			8		
9			10		
11					

反馈评价

在本次学习任务中，得到的总体评价见下表。

评价内容	配分	序号	具体指标	分值	得分		
					自评	组评	师评
仪容仪表	15	1	工作服、鞋、胸卡穿戴整洁	5			
		2	发型、指甲等符合工作要求	5			
		3	不佩戴首饰、钥匙、手表等	5			
学习过程	60	4	无人员受伤及设备损伤事故	5			
		5	车辆的前期准备工作	5			
		6	能说出发电机的功用	5			
		7	能说出发电机的结构和分类	10			
		8	能指出发电机在实车上的位置	10			
		9	会分析发电机的工作原理	5			
		10	会进行发电机的更换	15			
		11	能正确使用万用表	5			
职业素养	25	12	遵守规章制度	5			
		13	服从安排，积极参与	5			
		14	在规定时间内完成	5			
		15	环保意识	5			
		16	认真执行 5S 工作	5			
综合得分				100			

任务测评

一、填空题

1. _____可以保证交流发电机输出电压不受_____和_____变化的影响，使其保持稳定，以满足_____的需要。

2. 交流发电机的励磁有_____和_____。

3. 汽车发电机作为汽车运行中的_____担负着向_____之外所有用电设备供电的任务，并向_____充电，有_____、_____两种。

4. 有些交流发电机带有_____它是从_____的中性点引出来的。中性点对外壳之间的电压称为_____，它等于发电机输出电压的_____。

5. 向交流发电机的磁场绕组供电使其产生磁场称为_____。交流发电机转子绕组的励磁方式有两种：一种由 _____ 供电，称为 _____；另一种由 _____ 供电，称为 _____。

二、判断题

1. 发电机的三相定子绕组按一定规律分布在发电机的定子槽中，彼此相差 120°电角度，且匝数相等。　　　　　　　　　　　　　　　　　　　　　　　　（　　）

2. 硅整流器是利用二极管的单向导电性将直流电转变为交流电的。　　（　　）

3. 当发电机的转速达到一定值后发电机输出电压达到或超过蓄电池电压时，自励变他励。　　　　　　　　　　　　　　　　　　　　　　　　　　　　　（　　）

4. 定子总成是交流发电机的磁场部分，作用是产生磁场。　　　　　　（　　）

5. 转子总成是由轴、磁极、滑环、绕组等组成的，作用是产生磁场。　（　　）

三、选择题

1. 交流发电机产生磁场的装置是(　　　)。

A. 定子　　　　　　　B. 转子　　　　　　　C. 电枢　　　　　　　D. 整流器

2. 交流发电机用电压调节器是通过调整(　　)来保证发电机输出电压的。

A. 发电机转速　　　　　　　　　　B. 发电机励磁电流

C. 发电机输出电流　　　　　　　　D. 蓄电池励磁电流

3. 用万用表 R×1 挡检测单个二极管时，其正向电阻值应在(　　)Ω 之间，反向应在 10kΩ 以上。

A. 2~3　　　　　　　B. 8~10　　　　　　　C. 11~12　　　　　　D. 20~21

4. 交流发电机中防止蓄电池反向电流的零部件为(　　)。

A. 电压调节器　　　B. 整流器　　　　　C. 转子　　　　　D. 定子

5. 发电机的转速(　　)发动机的转速。

A. 高于　　　　　　B. 低于　　　　　　C. 等于　　　　　　D. 无法确定

任务 5　发电机的性能检测

知识储备

为了完成本次工作任务，请在课前预习教材，熟悉相关应知应会知识点，并完成下面的学习任务。

自学任务：学习教材，独立完成下面的任务。

知识点　发电机的分类、原理

1. 发电机按总体结构分为 _____、_____、_____、_____、_____。

2. 发电机发电原理为 _____

_____

_____ 。

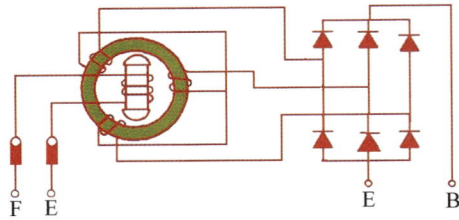

3. 发电机的电压调节器的作用为 _____

_____ 。

任务实施 ————————————————————————————————————

　　为了更好地完成本次工作任务，请在课程实施过程中，按照教师的引导完成下面的学习任务。学生根据教材内容及提供的维修手册对本次任务进行学习，并记录技术要求中的相关知识点，把规范的实施步骤记录在下表中。

发电机的性能检测

操作步骤	图解	完成情况	操作步骤	图解	完成情况
1			2		
3			4		

续表

操作步骤	图解	完成情况	操作步骤	图解	完成情况
5			6		
7			8		
9			10		
11			12		
13			14		

续表

操作步骤	图解	完成情况	操作步骤	图解	完成情况
15			16		
17			18		
19			20		
21			22		
23			24		

反馈评价 ————————————————————————————————————

在本次学习任务中，得到的总体评价见下表。

评价内容	配分	序号	具体指标	分值	得分		
					自评	组评	师评
仪容仪表	15	1	工作服、鞋、胸卡穿戴整洁	5			
		2	发型、指甲等符合工作要求	5			
		3	不佩戴首饰、钥匙、手表等	5			
学习过程	60	4	无人员受伤及设备损伤事故	10			
		5	车辆的前期准备工作	10			
		6	能说出发电机的性能检测流程	15			
		7	会使用发电机性能检测仪检测发电机	15			
		8	会对检测数据进行分析	10			
职业素养	25	9	遵守规章制度	5			
		10	服从安排，积极参与	5			
		11	在规定时间内完成	5			
		12	环保意识	5			
		13	认真执行 5S 工作	5			
综合得分				100			

任务测评 ————————————————————————————————————

一、填空题

1. 转子总成的作用是产生_____。它由_____、_____绕组、两块_____、_____等组成。

2. 定子总成的作用是产生_____，它由_____、_____和_____组成。

3. 定子绕组的连接方式有_____和_____两种方式，硅整流发电机常采用_____。

4. 前后端盖一般由_____制成，可以减小_____、轻便、_____性好。

5. 中性点"N"对发电机外壳之间的电压叫作_____电压。其值等于发电机直流输出电压的_____。

二、判断题

1. 三相交流发电机又称为三相同步交流发电机。 （ ）
2. 硅整流器的二极管可用普通整流二极管代替。 （ ）
3. 交流发电机工作正常时，充电指示灯亮，工作不正常时则熄灭。 （ ）
4. 在发电机整流器中增加中性点地极管的目的是提高发电机的输出功率。 （ ）
5. 交流发电机的整流器的二极管的负极是发电机的正极。 （ ）

三、简答题

1. 简述交流发电机的励磁。

2. 简述发电机整流原理。

项目 3 评价

　　本项目学习结束了，感谢你始终如一地努力学习和积极配合。为了能使我们不断地作出改进，提高专业教学效果，我们珍视各种建议、创意和批评。为此，我们很乐于了解你对本项目学习的真实看法。当然，这一过程中所收集的数据采用不记名的方式，我们都将保密，且不会透露给第三方。对于有些问题，只需作出选择；有些问题，则请以几个关键词给出一个简单的答案。

项目名称： 教师名称：

课程时间： 年 月 日— 日第 周

	很满意	满意	一般	不满意	很不满意
项目教学组织评价☺☺☹					
1. 你对实训楼整个教学秩序是否满意？	☐	☐	☐	☐	☐
2. 你对实训楼整个环境卫生状况是否满意？	☐	☐	☐	☐	☐
3. 你对实训楼学生整体的纪律表现是否满意？	☐	☐	☐	☐	☐
4. 你对你们这一小组的总体表现是否满意？	☐	☐	☐	☐	☐
5. 你对这种理实一体的教学模式是否满意？	☐	☐	☐	☐	☐

培训教师评价☺☺☒

6. 你如何评价培训教师(总体印象/能力/表达能力/说服力)? □ □ □ □ □

7. 教师组织培训通俗易懂、结构清晰。 □ □ □ □ □

8. 教师非常关注学生的反应。 □ □ □ □ □

9. 教师能认真指导学生，对任何学生都不放弃。 □ □ □ □ □

10. 你对培训氛围是否满意? □ □ □ □ □

11. 你认为理论和实践的比例分配是否合适? □ □ □ □ □

12. 你对教师在岗情况是否满意(上课经常不在培训室、接打手机等)? □ □ □ □ □

培训内容评价☺☺☒

13. 你对培训涉及的题目及内容是否满意? □ □ □ □ □

14. 课程内容是否适合你的知识水平? □ □ □ □ □

15. 培训中使用的各种器材是否丰富? □ □ □ □ □

16. 你对发放的学生工作手册是否满意? □ □ □ □ □

请回答下列问题。

1. 在学习组织方面，哪些地方还需要进一步改进?

_____

_____

2. 哪些培训内容你特别感兴趣? 为什么?

_____

_____

3. 哪些培训内容你不感兴趣? 为什么?

_____

_____

4. 关于培训内容，是否还有你想学但教师没有涉及的? 如有，请指出。

_____

_____

5. 你对哪些培训内容比较满意? 哪些方面还需要进一步改进?

_____

_____

6. 你希望每次活动都给小组留有一定的讨论时间吗？如果有，你认为多长时间合适？

_____

_____

7. 通过这个项目的学习，你最想对自己说些什么？

_____

_____

8. 通过这个项目的学习，你最想对教授本项目的教师说些什么？

_____

_____

项目 4
汽车起动系统构造与维修

任务地图 ————————————————————————————————

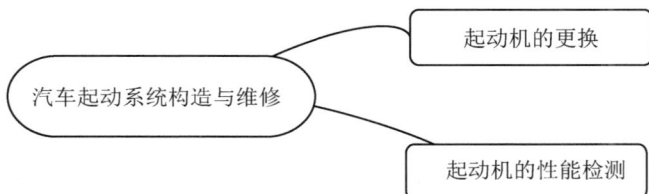

汽车起动系统构造与维修
- 起动机的更换
- 起动机的性能检测

任务 1 起动机的更换

知识储备 ————————————————————————————————

为了完成本次工作任务，请在课前预习教材，熟悉相关应知应会知识点，并完成下面的学习任务。

自学任务：学习教材，独立完成下面的任务。

知识点 1 起动系统组成

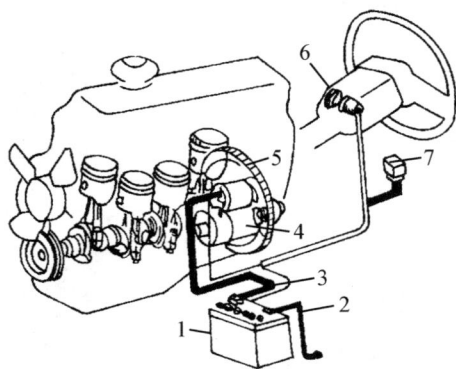

1. _____ 2. _____ 3. _____ 4. _____

5. _____ 6. _____ 7. _____

知识点 2 起动机的组成、分类

1. 起动机一般由_____、_____和_____三部分组成。

2. 起动机按照_____和_____的不同来分类。

3. 直流电动机由_____、_____、_____、_____等组成。其作用是_____。

任务实施

　　为了更好地完成本次工作任务，请在课程实施过程中，按照教师的引导完成下面的学习任务。学生根据教材内容及提供的维修手册对本次任务进行学习，并记录技术要求中的相关知识点，把规范的实施步骤记录在下表中。

起动机的更换

操作步骤	图解	完成情况	操作步骤	图解	完成情况
1			2		
3			4		
5			6		
7			8		

续表

操作步骤	图解	完成情况	操作步骤	图解	完成情况
9			10		
11					

反馈评价

在本次学习任务中，得到的总体评价见下表。

评价内容	配分	序号	具体指标	分值	得分		
					自评	组评	师评
仪容仪表	15	1	工作服、鞋、胸卡穿戴整洁	5			
		2	发型、指甲等符合工作要求	5			
		3	不佩戴首饰、钥匙、手表等	5			
学习过程	60	4	无人员受伤及设备损伤事故	5			
		5	车辆的前期准备工作	5			
		6	能说出起动机的功用	5			
		7	能说出起动机的结构和分类	5			
		8	能指出起动机在实车上的位置	10			
		9	会分析起动机的工作原理	10			
		10	会进行起动机的更换	15			
		11	能正确使用万用表	5			

续表

评价内容	配分	序号	具体指标	分值	得分		
					自评	组评	师评
职业素养	25	12	遵守规章制度	5			
		13	服从安排，积极参与	5			
		14	在规定时间内完成	5			
		15	环保意识	5			
		16	认真执行 5S 工作	5			
综合得分				100			

任务测评

一、填空题

1. 起动机电磁开关内有_____和_____两个线圈，刚接通电磁开关电路时，推杆是由活动铁芯推动的。

2. 产品代号 QD、QDJ 和 QDY 分别表示起动机、_____和_____。

3. 起动系统是将储存在蓄电池内的_____能变成_____能，从而实现发动机的起动。

4. 转子俗称_____，由_____、_____、_____和_____等组成。作用是_____。

5. 直流电动机按励磁方式可分为_____和_____两大类。

二、判断题

1. 起动机中的传动装置只能单向传递转矩。　　　　　　　　　　　　　　　（　　）

2. 起动机的磁场线圈和外壳之间始终是导通的。　　　　　　　　　　　　　（　　）

3. 常见的起动机驱动小齿轮与飞轮的啮合靠拨叉强制拨动完成。　　　　　　（　　）

4. 直流串激式电动机，在磁场绕组的磁路未饱和时，其转矩与电枢电流的平方成正比。　　　　　　　　　　　　　　　　　　　　　　　　　　　　　　　　（　　）

5. 起动机的最大输出率即为起动机的额定功率。　　　　　　　　　　　　　（　　）

三、选择题

1. 起动机电枢与磁极铁芯摩擦，可能的原因是(　　)。

A. 起动机轴弯曲　　　　　　　　　　　　B. 电枢上的换向器磨损

C. 电刷磨损　　　　　　　　　　　　　　D. A 和 C

2. 在讨论起动机的电磁开关时，技师甲说，电磁开关是利用活动铁芯的移动施加推力或保持力；技师乙说，电磁开关虽然做了电的连接，但它不推动小齿轮啮入飞轮齿圈。
谁说得正确？（　　）

  A. 甲正确　　　　　　　　　　　　B. 乙正确

  C. 甲乙均正确　　　　　　　　　　D. 甲乙都不正确

  3. 起动起动机时，甲说电枢电流越大，转速越高。乙说电枢电流越大，转速越低；
谁说得正确？（　　）

  A. 甲正确　　　　　　　　　　　　B. 乙正确

  C. 甲乙均正确　　　　　　　　　　D. 甲乙都不正确

  4. 起动机的电磁开关工作时，是（　　）。

  A. 先接通主电路后使小齿轮与飞轮啮合

  B. 先使小齿轮与飞轮啮合，然后接通主电路

  C. 接通主电路和小齿轮与飞轮啮合同时进行

  D. 没有先后的要求

  5. 起动机中直流串励式电动机的功用是（　　）。

  A. 将电能转变为机械能　　　　　　B. 将机械能变为电能

  C. 将电能变为化学能　　　　　　　D. 将化学能变为机械能

任务 2　起动机的性能检测

知识储备

  为了完成本次工作任务，请在课前预习教材，熟悉相关应知应会知识点，并完成下
面的学习任务。

  自学任务：学习教材，独立完成下面的任务。

  知识点 1　起动机的组成

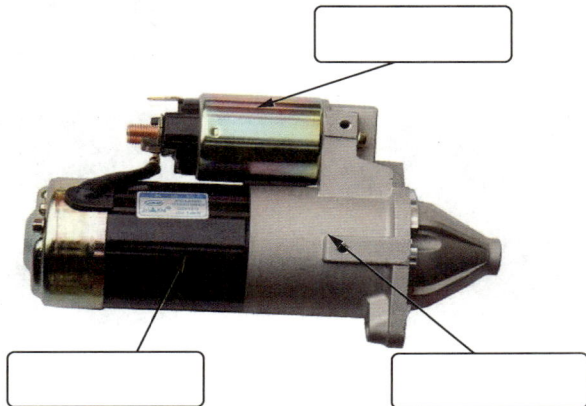

知识点2 起动机性能检测

1. 起动机每次的起动时间不超过_____ s，再次起动间隔不少于_____ s，如连续_____次不能起动，应停机进行检查，排除故障后再起动。

2. 起动机性能检测仪在使用时，应该选用_____ V电源转换器。

3. 发动机起动后应立即_____，使驱动齿轮退回原位。

4. 严禁_____就运转起动机，利用起动机驱动车辆移动。

任务实施

为了更好地完成本次工作任务，请在课程实施过程中，按照教师的引导完成下面的学习任务。学生根据教材内容及提供的维修手册对本次任务进行学习，并记录技术要求中的相关知识点，把规范的实施步骤记录在下表中。

起动机的性能检测

操作步骤	图解	完成情况	操作步骤	图解	完成情况
1			2		
3			4		
5			6		

续表

操作步骤	图解	完成情况	操作步骤	图解	完成情况
7			8		
9			10		
11			12		
13			14		
15			16		

续表

操作步骤	图解	完成情况	操作步骤	图解	完成情况
17			18		

反馈评价

在本次学习任务中，得到的总体评价见下表。

评价内容	配分	序号	具体指标	分值	得分		
					自评	组评	师评
仪容仪表	15	1	工作服、鞋、胸卡穿戴整洁	5			
		2	发型、指甲等符合工作要求	5			
		3	不佩戴首饰、钥匙、手表等	5			
学习过程	60	4	无人员受伤及设备损伤事故	10			
		5	车辆的前期准备工作	10			
		6	能说出起动机的性能检测流程	15			
		7	会使用起动机性能检测仪检测发电机	15			
		8	会对检测数据进行分析	10			
职业素养	25	9	遵守规章制度	5			
		10	服从安排，积极参与	5			
		11	在规定时间内完成	5			
		12	环保意识	5			
		13	认真执行 5S 工作	5			
综合得分				100			

任务测评

一、填空题

1. 电磁开关由_____、_____、_____、_____及_____等组成。

2. 起动开关接通时，吸引线圈与直流电动机_____联，保持线圈与直流电动机_____联，吸引线圈与保持线圈产生的磁场方向_____，主开关接通后，吸引线圈被开关_____，电流_____，活动铁芯在_____的作用下保持在吸合位置。

3. 主开关接通后，_____被主开关短路，电流_____，活动铁芯在_____的作用下保持在吸合位置。

4. 电刷弹簧的检查：在弹簧处于_____状态时，用_____检查电刷弹簧的压力，一般为_____。

5. 常见起动机单向离合器主要有_____、_____和_____三种。

二、判断题

1. 为了减小电火花，电刷与换向器之间的接触面积应在 50% 以上。　　　（　　）
2. 电刷的高度不应低于新电刷高度的 1/2，电刷在电刷架内应活动自如，无卡滞。
　　　（　　）
3. 起动机主要由串励式直流电动机、传动机构和控制装置组成。　　　（　　）
4. 换向器的作用是使直流电动机维持定向运转。　　　（　　）
5. 串励式直流电动机中，励磁绕组和电枢绕组是串联的。　　　（　　）

三、简答题

1. 简述起动机的工作原理。

2. 当起动机保持线圈短路时，按下起动按钮会出现什么现象？为什么？

项目4 评价

本项目学习结束了，感谢你始终如一地努力学习和积极配合。为了能使我们不断地作出改进，提高专业教学效果，我们珍视各种建议、创意和批评。为此，我们很乐于了解你对本项目学习的真实看法。当然，这一过程中所收集的数据采用不记名的方式，我们都将保密，且不会透露给第三方。对于有些问题，只需作出选择；有些问题，则请以几个关键词给出一个简单的答案。

项目名称：   教师名称：

课程时间：   年 月 日— 日第 周   很满意 满意 一般 不满意 很不满意

项目教学组织评价☺☺☺

1. 你对实训楼整个教学秩序是否满意？   ☐   ☐   ☐   ☐   ☐

2. 你对实训楼整个环境卫生状况是否满意？   ☐   ☐   ☐   ☐   ☐

3. 你对实训楼学生整体的纪律表现是否满意？   ☐   ☐   ☐   ☐   ☐

4. 你对你们这一小组的总体表现是否满意？   ☐   ☐   ☐   ☐   ☐

5. 你对这种理实一体的教学模式是否满意？   ☐   ☐   ☐   ☐   ☐

培训教师评价☺☺☺

6. 你如何评价培训教师(总体印象/能力/表达能力/说   ☐   ☐   ☐   ☐   ☐
   服力)？

7. 教师组织培训通俗易懂、结构清晰。   ☐   ☐   ☐   ☐   ☐

8. 教师非常关注学生的反应。   ☐   ☐   ☐   ☐   ☐

9. 教师能认真指导学生，对任何学生都不放弃。   ☐   ☐   ☐   ☐   ☐

10. 你对培训氛围是否满意？   ☐   ☐   ☐   ☐   ☐

11. 你认为理论和实践的比例分配是否合适？   ☐   ☐   ☐   ☐   ☐

12. 你对教师在岗情况是否满意(上课经常不在培训室、 ☐   ☐   ☐   ☐   ☐
    接打手机等)？

培训内容评价☺☺☺

13. 你对培训涉及的题目及内容是否满意？   ☐   ☐   ☐   ☐   ☐

14. 课程内容是否适合你的知识水平？   ☐   ☐   ☐   ☐   ☐

15. 培训中使用的各种器材是否丰富？   ☐   ☐   ☐   ☐   ☐

16. 你对发放的学生工作手册是否满意？   ☐   ☐   ☐   ☐   ☐

请回答下列问题。

1. 在学习组织方面，哪些地方还需要进一步改进？

_____

_____

2. 哪些培训内容你特别感兴趣？为什么？

_____

_____

3. 哪些培训内容你不感兴趣? 为什么?

_____

_____

4. 关于培训内容, 是否还有你想学但教师没有涉及的? 如有, 请指出。

_____

_____

5. 你对哪些培训内容比较满意? 哪些方面还需要进一步改进?

_____

_____

6. 你希望每次活动都给小组留有一定的讨论时间吗? 如果有, 你认为多长时间合适?

_____

_____

7. 通过这个项目的学习, 你最想对自己说些什么?

_____

_____

8. 通过这个项目的学习, 你最想对教授本项目的教师说些什么?

_____

_____

项目 5
汽车点火系统构造与维修

任务地图 ————————————————————————————————

```
                              ┌─────────────────┐
                         ┌────│  点火系统的认知   │
┌─────────────────────┐  │    └─────────────────┘
│ 汽车点火系统构造与维修 │──┤
└─────────────────────┘  │    ┌─────────────────┐
                         └────│  点火系统的检修   │
                              └─────────────────┘
```

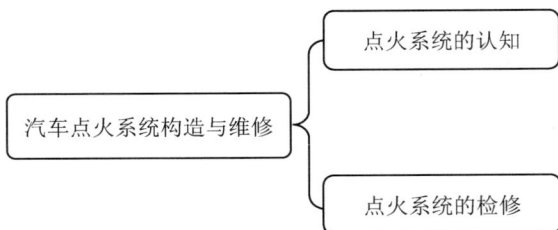

任务 1　点火系统的认知

知识储备 ————————————————————————————————

为了完成本次工作任务，请在课前预习教材，熟悉相关应知应会知识点，并完成下面的学习任务。

自学任务：学习教材，独立完成下面的任务。

知识点 1　点火系统的功用

1. 点火系统的功用是将汽车的_____变为_____，并适时送到_____，击穿火花塞的间隙，点燃混合气，使发动机做功。

2. 发动机对点火系统的要求

(1)_____。

(2)_____。

(3)_____。

3. 点火提前角的主要影响因素是_____和_____。

知识点 2　点火系统的分类

1. 电控直接点火系统的主要组成部分包括_____、_____、_____、_____和_____。

2. 火花塞分为_____和_____。

3. 点火控制信号 IGT 和点火反馈信号 IGF 的区别是什么？

任务实施

　　为了更好地完成本次工作任务，请在课程实施过程中，按照教师的引导完成下面的学习任务。学生根据教材内容及提供的维修手册对本次任务进行学习，并记录技术要求中的相关知识点，把规范的实施步骤记录在下表中。

火花塞的更换

操作步骤	图解	完成情况	操作步骤	图解	完成情况
1	断开蓄电池负极		2	拆下点火线圈连接器	
3	拆下点火线圈固定螺栓		4	取出点火线圈	
5			6		
7					

反馈评价

在本次学习任务中，得到的总体评价见下表。

评价内容	配分	序号	具体指标	分值	得分		
					自评	组评	师评
仪容仪表	15	1	工作服、鞋、胸卡穿戴整洁	5			
		2	发型、指甲等符合工作要求	5			
		3	不佩戴首饰、钥匙、手表等	5			
学习过程	60	4	无人员受伤及设备损伤事故	5			
		5	车辆的前期准备工作	5			
		6	一油三液的检查	5			
		7	能说出点火系统的功用及发动机对点火系统的要求	10			
		8	能说出电控点火系统的分类和组成	10			
		9	能指出电控点火系统各组成部分在实车上的位置	10			
		10	会分析电控点火系统的工作原理	15			
职业素养	25	11	遵守规章制度	5			
		12	服从安排，积极参与	5			
		13	在规定时间内完成	5			
		14	环保意识	5			
		15	认真执行 5S 工作	5			
综合得分				100			

任务测评

一、填空题

1. 实际点火提前角＝_____、_____和_____。

2. 点火线圈主要由_____、_____和_____组成。

3. 在发动机运转的全工况中，若火花塞绝缘体裙部保持在_____和_____温度之间，则火花塞对发动机是适应的，超出此温度范围，火花塞则失去功能。

4. 发动机转速提高时，应_____；在发动机转速一定时，为了保证燃烧过程在上止点附近完成，应_____。

5. 电控点火系统根据有无分电器分为_____和_____两类。

二、判断题

1. 发动机转速加快，点火提前角应适当减小。　　　　　　　　　　（　　）
2. 我国以火花塞绝缘体的长度来标定火花塞的热特性。　　　　　　（　　）
3. 对于大功率、高压缩比和高转速发动机，应适用于热型火花塞。　（　　）
4. 汽车停驶，发动机熄火后，应及时关闭点火开关，以免损坏发动机的励磁绕组。
　　　　　　　　　　　　　　　　　　　　　　　　　　　　　　（　　）
5. 汽油的辛烷值越低，越容易发生爆燃。　　　　　　　　　　　　（　　）

三、选择题

1. 一般来说，缺少了(　　)信号，电子点火系统将不能点火。
A. 进气量　　　　　　B. 水温　　　　　　C. 转速　　　　　　D. 上止点
2. 电子控制点火系统由(　　)直接驱动点火线圈进行点火。
A. ECU　　　　　　　B. 点火控制器　　　C. 分电器　　　　　D. 转速信号
3. 使用辛烷值低的汽油时，点火提前角应(　　)。
A. 加大　　　　　　　B. 减小　　　　　　C. 不变　　　　　　D. 可适当提前
4. 点火闭合角主要是通过(　　)来控制的。
A. 通电时间　　　　　B. 通电电流　　　　C. 通电电压　　　　D. 通电速度
5. 点火过迟会导致发动机(　　)。
A. 排气管放炮　　　　B. 耗油率下降　　　C. 进气管回火　　　D. 曲轴反转

任务 2　点火系统的检修

知识储备

为了完成本次工作任务，请在课前预习教材，熟悉相关应知应会知识点，并完成下面的学习任务。

自学任务：学习教材，独立完成下面的任务。

知识点 1　爆震传感器的检修

1. 爆震是指燃烧室内的混合气产生自燃的_____，由于爆震会产生_____冲击燃烧室，所以不仅能听到尖锐的金属声，还会对发动机的部件产生较大的影响。
2. _____是产生爆震的主要原因。
3. 爆震传感器的功用是_____，并将信号送入发动机 ECU，以便更好地控制点火时刻，防止爆震。

知识点 2 点火模块的检修

1. 点火模块主要由_____、_____和_____组成。

2. 丰田卡罗拉的点火模块属于_____。

任务实施

　　为了更好地完成本次工作任务，请在课程实施过程中，按照教师的引导完成下面的学习任务。学生根据教材内容及提供的维修手册对本次任务进行学习，并记录技术要求中的相关知识点，把规范的实施步骤记录在下列表中。

爆震传感器的检修

操作步骤	图解	完成情况	操作步骤	图解	完成情况
1			2		
3			4	线束连接器前视图（至爆震传感器）	
5	没有线束连接的零部件（爆震传感器）欧姆表		6	线束连接器前视图（至爆震传感器）	

续表

操作步骤	图解	完成情况	操作步骤	图解	完成情况
7	线束连接器前视图（至 ECM） B31 KNK1 EKNK KNK1信号波形 1 V/格 ← GND 1 ms/格		8		

点火模块的检修

操作步骤	图解	完成情况	操作步骤	图解	完成情况
1			2		
3			4	断开蓄电池负极	

续表

操作步骤	图解	完成情况	操作步骤	图解	完成情况
5	拆下点火线圈连接器		6	取出点火线圈	
7	线束连接器前视图（至点火线圈总成） B26 B27 B28 B29　1 2 3 4　IGF		8		
9	线束连接器前视图（至 ECM） B31　IGF1		10		
11	 断路检查 短路检查		12	线束连接器前视图（至点火线圈总成） B26 B27 B28 B29　1 2 3 4　GND(−)	

续表

操作步骤	图解	完成情况	操作步骤	图解	完成情况
13	发动机室继电器盒： 线束连接器前视图：(至集成继电器)		14	线束连接器前视图 （至点火线圈总成） B26 B27 B28 B29 1 2 3 4 +B	
15	2 V/格 CH1 (IGT1至4)　←GND CH2 (IGT2)　←GND 20 ms/格		16		

反馈评价

在本次学习任务中，得到的总体评价见下表。

评价内容	配分	序号	具体指标	分值	得分		
					自评	组评	师评
仪容仪表	15	1	工作服、鞋、胸卡穿戴整洁	5			
		2	发型、指甲等符合工作要求	5			
		3	不佩戴首饰、钥匙、手表等	5			

续表

评价内容	配分	序号	具体指标	分值	得分		
					自评	组评	师评
学习过程	60	4	无人员受伤及设备损伤事故	5			
		5	车辆的前期准备工作	5			
		6	一油三液的检查	5			
		7	能说出爆震传感器的功用及结构	10			
		8	能说出点火模块的功用及结构	10			
		9	会分析爆震传感器、点火模块的控制电路	10			
		10	会进行点火模块的检修	15			
职业素养	25	11	遵守规章制度	5			
		12	服从安排，积极参与	5			
		13	在规定时间内完成	5			
		14	环保意识	5			
		15	认真执行 5S 工作	5			
综合得分				100			

任务测评

一、判断题

1. 火花塞的间隙越大，所需的击穿电压就越高。 （ ）

2. 火花塞的热值数字越大，火花塞就越冷。 （ ）

3. 不同发动机的最佳点火提前角是不同的，但同一台发动机的点火提前角却是恒定的。 （ ）

4. 汽油的辛烷值越低，越容易发生爆燃。 （ ）

5. 双缸同时点火方式在发动机完成一个工作循环中，每缸点火一次。 （ ）

二、选择题

1. 汽车点火系统将电源供给的（　　）低压电变为 15～30 kV 的高压电。

A. 12 V　　　　　　B. 24 V　　　　　　C. 3 V　　　　　　D. 6 V

2. 检测汽车电子控制元件时要使用数字式万用表，是因为数字式万用表（　　）。

A. 具有高阻抗　　　B. 具有低阻抗　　　C. 测量精确

3. 发动机转动时，检查霍尔传感器输出信号的电压应为（　　）。

A. 5 V　　　　　　B. 0 V　　　　　　C. 0～5 V　　　　　　D. 4 V

4. ECU 根据( )信号对点火提前角实行反馈控制。

A. 冷却液温度传感器   B. 曲轴位置传感器

C. 爆燃传感器   D. 车速传感器

5. 采用电控点火系统时，发动机实际点火提前角与理想点火提前角的关系为（ ）。

A. 大于   B. 等于   C. 小于   D. 接近于

三、简答题

1. 爆震传感器的工作原理是什么？

2. 电控点火系统的优点有哪些？

3. 简述丰田卡罗拉点火模块的检修方法。

项目5评价

本项目学习结束了，感谢你始终如一地努力学习和积极配合。为了能使我们不断地作出改进，提高专业教学效果，我们珍视各种建议、创意和批评。为此，我们很乐于了解你对本项目学习的真实看法。当然，这一过程中所收集的数据采用不记名的方式，我们都将保密，且不会透露给第三方。对于有些问题，只需作出选择；有些问题，则请以几个关键词给出一个简单的答案。

项目名称：   教师名称：

课程时间： 年 月 日— 日第 周	很满意	满意	一般	不满意	很不满意
项目教学组织评价☺☺☹					
1. 你对实训楼整个教学秩序是否满意？	☐	☐	☐	☐	☐
2. 你对实训楼整个环境卫生状况是否满意？	☐	☐	☐	☐	☐
3. 你对实训楼学生整体的纪律表现是否满意？	☐	☐	☐	☐	☐

4. 你对你们这一小组的总体表现是否满意? ☐ ☐ ☐ ☐ ☐

5. 你对这种理实一体的教学模式是否满意? ☐ ☐ ☐ ☐ ☐

培训教师评价☺☺☹

6. 你如何评价培训教师(总体印象/能力/表达能力/说 ☐ ☐ ☐ ☐ ☐
   服力)?

7. 教师组织培训通俗易懂、结构清晰。 ☐ ☐ ☐ ☐ ☐

8. 教师非常关注学生的反应。 ☐ ☐ ☐ ☐ ☐

9. 教师能认真指导学生,对任何学生都不放弃。 ☐ ☐ ☐ ☐ ☐

10. 你对培训氛围是否满意? ☐ ☐ ☐ ☐ ☐

11. 你认为理论和实践的比例分配是否合适? ☐ ☐ ☐ ☐ ☐

12. 你对教师在岗情况是否满意(上课经常不在培训室、 ☐ ☐ ☐ ☐ ☐
    接打手机等)?

培训内容评价☺☺☹

13. 你对培训涉及的题目及内容是否满意? ☐ ☐ ☐ ☐ ☐

14. 课程内容是否适合你的知识水平? ☐ ☐ ☐ ☐ ☐

15. 培训中使用的各种器材是否丰富? ☐ ☐ ☐ ☐ ☐

16. 你对发放的学生工作手册是否满意? ☐ ☐ ☐ ☐ ☐

请回答下列问题。

1. 在学习组织方面,哪些地方还需要进一步改进?

_____

_____

2. 哪些培训内容你特别感兴趣? 为什么?

_____

_____

3. 哪些培训内容你不感兴趣? 为什么?

_____

_____

4. 关于培训内容,是否还有你想学但教师没有涉及的? 如有,请指出。

_____

_____

5. 你对哪些培训内容比较满意？哪些方面还需要进一步改进？

_____

_____

6. 你希望每次活动都给小组留有一定的讨论时间吗？如果有，你认为多长时间合适？

_____

_____

7. 通过这个项目的学习，你最想对自己说些什么？

_____

_____

8. 通过这个项目的学习，你最想对教授本项目的教师说些什么？

_____

_____

项目 6
汽车照明、 信号、 报警及仪表系统构造与维修

任务地图 ///////

汽车照明、信号、报警及仪表系统构造与维修
- 照明系统的检修
- 信号系统的检修
- 报警系统的检修
- 组合仪表的更换

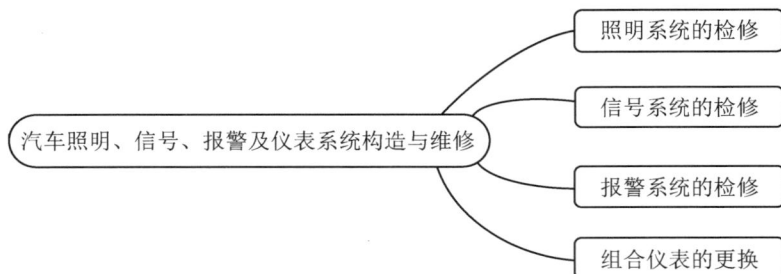

任务 1　照明系统的检修

知识储备 ///////

为了完成本次工作任务，请在课前预习教材，熟悉相关应知应会知识点，并完成下面的学习任务。

自学任务：学习教材，独立完成下面的任务。

知识点 1　前照灯的结构

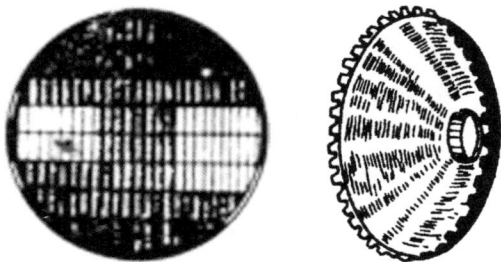

_____　　　　_____

知识点 2　前照灯防眩目方式

前照灯的防眩目方式有三种，如下图所示。

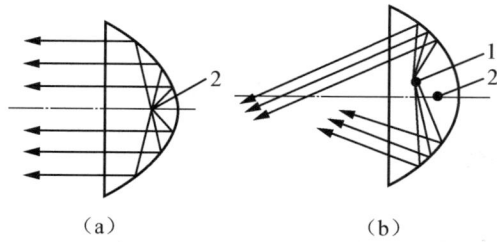

（a）　　　　　　　（b）

(1) _____。

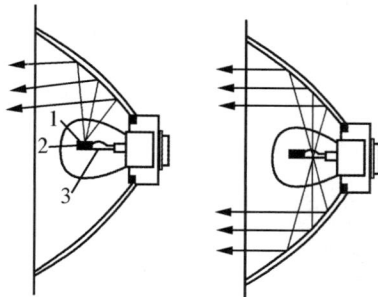

(2) _____。

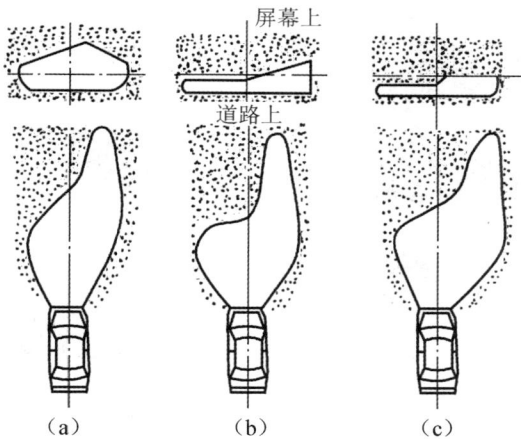

屏幕上

道路上

（a）　　　　　　　（b）　　　　　　　（c）

(3) _____。

任务实施

　　为了更好地完成本次工作任务，请在课程实施过程中，按照教师的引导完成下面的学习任务。学生根据教材内容及提供的维修手册对本次任务进行学习，并记录技术要求中的相关知识点，把规范的实施步骤记录在下列表中。

灯光的功能检查

操作步骤	图解	完成情况	操作步骤	图解	完成情况
1			2		
3			4		
5			6		
7			8		
9			10		

续表

操作步骤	图解	完成情况	操作步骤	图解	完成情况
11			12		
13			14		

前照灯灯泡的更换

操作步骤	图解	完成情况	操作步骤	图解	完成情况
1			2		
3			4		
5			6		

续表

操作步骤	图解	完成情况	操作步骤	图解	完成情况
7			8		
9			10		

前照灯总成的更换

操作步骤	图解	完成情况	操作步骤	图解	完成情况
1			2		
3			4		
5			6		

续表

操作步骤	图解	完成情况	操作步骤	图解	完成情况
7			8		
9			10		
11			12		
13			14		
15					

反馈评价

在本次学习任务中，得到的总体评价见下表。

评价内容	配分	序号	具体指标	分值	得分		
					自评	组评	师评
仪容仪表	15	1	工作服、鞋、胸卡穿戴整洁	5			
		2	发型、指甲等符合工作要求	5			
		3	不佩戴首饰、钥匙、手表等	5			
学习过程	60	4	无人员受伤及设备损伤事故	5			
		5	车辆的前期准备工作	5			
		6	一油三液的检查	5			
		7	能说出照明系统的功用和组成	10			
		8	能指出照明系统在实车上的位置	5			
		9	会进行前照灯灯泡的更换	10			
		10	会进行前照灯总成的更换	10			
		11	会进行照明系统的功能检查	10			
职业素养	25	12	遵守规章制度	5			
		13	服从安排，积极参与	5			
		14	在规定时间内完成	5			
		15	环保意识	5			
		16	认真执行 5S 工作	5			
综合得分				100			

任务测评

一、填空题

1. 雾灯多使用_____的黄色灯，其灯泡或配光镜制成黄色。

2. 配光镜的作用是将反射镜反射出来的平行光束进行_____，使车前的路面有良好而均匀的照明。

3. 根据灯丝数量的不同，汽车前照灯的灯泡可分为_____和_____两种。

4. 前照灯的组成部分包括_____、_____和_____三部分。

二、判断题

1. 灯泡经常烧坏的主要原因是发电机发电过高。　　　　　　　　　　　（　　）

2. 汽车照明系统主要用于夜间行车照明、车厢照明、仪表照明及检修照明等。

（　　）

3. 灯光开关共有三个挡位：Off—关闭挡，所有的灯都不亮；Park—小灯挡，这时小灯、尾灯、牌照灯、仪表灯均亮，前照灯不亮；Head—大灯挡，当灯光开关打在 Head 挡位时，不仅前照灯(大灯)亮，小灯挡位所涉及的灯都亮。 （　　）

4. 前后雾灯均属于照明用的灯具。 （　　）

5. 牌照灯属于信号及标示用的工具。 （　　）

三、选择题

1. 对汽车大灯照明的要求，下列说法正确的是(　　)。

A. 有防眩目装置　　　　　　　　　　B. 照亮前方 100m 以上

C. 灯泡亮度随外界环境自动调节　　　D. 灯泡是卤钨灯泡

2. 前照灯的远光灯丝应位于反射镜的(　　)。

A. 焦点上　　　　B. 焦点的上方　　　　C. 焦点的上前方　　　　D. 焦点下方

3. 防眩目可采取哪些措施？(　　)

A. 利用交通法规强制约束　　　　　　B. 采用双丝灯泡

C. 加装配光屏　　　　　　　　　　　D. 采用 Z 形配光光形

4. 汽车灯光系统的常见故障有(　　)等。

A. 导线松动　　　　B. 接触不良　　　　C. 线路短路断路　　　　D. 灯泡烧坏

5. 汽车照明系统主要是用于(　　)。

A. 夜间行车照明　　　B. 车厢照明　　　　C. 仪表照明　　　　D. 检修照明

任务 2　信号系统的检修

知识储备 ——

为了完成本次工作任务，请在课前预习教材，熟悉相关应知应会知识点，并完成下面的学习任务。

自学任务：学习教材，独立完成下面的任务。

知识点 1　信号系统的组成

1. 汽车信号系统由_____信号装置和_____信号装置组成。

2. 灯光信号系统包括_____、_____、_____和_____。

3. 转向灯系统一般由_____、_____、_____、_____等组成。

知识点 2　信号系统的基本工作原理

请根据下面扬声器的结构图分析其工作原理。

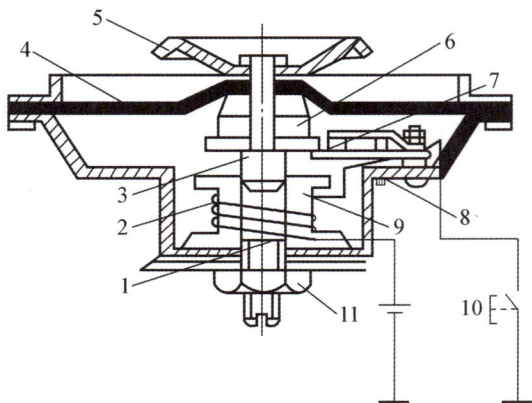

1—下铁芯　2—线圈　3—上铁芯　4—膜片　5—共鸣板　6—衔铁

7—触点　8—调整螺钉　9—电磁铁芯　10—按钮　11—锁紧螺母

工作原理：＿＿＿＿＿＿＿＿＿＿＿＿＿＿＿＿＿＿＿＿＿＿＿＿＿＿＿＿＿

＿＿＿＿＿＿＿＿＿＿＿＿＿＿＿＿＿＿＿＿＿＿＿＿＿＿＿＿＿＿＿＿＿＿＿＿

＿＿＿＿＿＿＿＿＿＿＿＿＿＿＿＿＿＿＿＿＿＿＿＿＿＿＿＿＿＿＿＿＿＿＿＿

＿＿＿＿＿＿＿＿＿＿＿＿＿＿＿＿＿＿＿＿＿＿＿＿＿＿＿＿＿＿＿＿＿＿＿。

任务实施

　　为了更好地完成本次工作任务，请在课程实施过程中，按照教师的引导完成下面的学习任务。学生根据教材内容及提供的维修手册对本次任务进行学习，并记录技术要求中的相关知识点，把规范的实施步骤记录在下表中。

信号系统的功能检查

操作步骤	图解	完成情况	操作步骤	图解	完成情况
1			2		

续表

操作步骤	图解	完成情况	操作步骤	图解	完成情况
3			4		
5			6		
7			8		
9			10		
11			12		

反馈评价

在本次学习任务中，得到的总体评价见下表。

评价内容	配分	序号	具体指标	分值	得分		
					自评	组评	师评
仪容仪表	15	1	工作服、鞋、胸卡穿戴整洁	5			
		2	发型、指甲等符合工作要求	5			
		3	不佩戴首饰、钥匙、手表等	5			
学习过程	60	4	无人员受伤及设备损伤事故	5			
		5	车辆的前期准备工作	5			
		6	一油三液的检查	5			
		7	能说出信号系统的功用	15			
		8	能说出信号系统的组成	5			
		9	能指出信号系统在实车上的位置	15			
		10	会进行信号系统的功能检查	10			
职业素养	25	11	遵守规章制度	5			
		12	服从安排，积极参与	5			
		13	在规定时间内完成	5			
		14	环保意识	5			
		15	认真执行 5S 工作	5			
综合得分				100			

任务测评

一、填空题

1. 灯光信号装置包括＿＿＿＿＿＿、＿＿＿＿＿＿和＿＿＿＿＿＿等，在汽车起步、超车或倒车、转向时，提醒行人和其他车辆注意。

2. 由于盆形扬声器具有＿＿＿＿＿＿、＿＿＿＿＿＿、指向性好等特点，为现代汽车普遍采用。

3. 常见闪光器有＿＿＿＿＿＿、电容式、＿＿＿＿＿＿三类。

4. 改变扬声器＿＿＿＿＿＿可以改变扬声器的音调，改变扬声器触点预压力可以改变扬声器的＿＿＿＿＿＿。

二、判断题

1. 扬声器是利用气流使金属膜片振动发声，多用在装有气压制动的载重汽车上。（　　）
2. 转向信号灯一般应具有一定的频闪，国家标准中规定 60～120 次/min。　（　　）
3. 技术良好的扬声器，发音响亮清晰而无沙哑声。　　　　　　　　　　（　　）
4. 制动灯开关复位弹簧折断或过软，会造成制动灯不能熄灭。　　　　　（　　）
5. 转向灯灯泡灯丝烧断，会使转向灯闪烁频率变快。　　　　　　　　　（　　）

三、选择题

1. 汽车的转向信号灯电路主要包括以下（　　）几部分。
A. 转向灯开关　　　　　　B. 转向灯　　　　　　C. 闪光器　　　　　　D. 转向指示灯
2. 左右转向灯闪光频率不一致的主要原因是（　　）。
A. 灯泡功率选用不一致　　　　　　　　　　B. 一边灯泡烧坏
C. 线路有故障　　　　　　　　　　　　　　D. 开关故障

任务 3　报警系统的检修

知识储备

为了完成本次工作任务，请在课前预习教材，熟悉相关应知应会知识点，并完成下面的学习任务。

自学任务：学习教材，独立完成下面的任务。

知识点 1　报警系统的作用

报警系统的作用是＿＿＿＿＿＿＿＿＿＿＿＿＿＿＿＿＿＿＿＿＿＿＿＿＿＿＿＿＿＿。

知识点 2　报警系统的组成

报警系统由以下两部分组成：

(1)＿＿＿＿＿＿＿＿＿＿＿＿＿＿＿＿＿＿＿＿＿＿＿＿＿＿＿＿＿＿＿＿＿＿＿＿。

(2)＿＿＿＿＿＿＿＿＿＿＿＿＿＿＿＿＿＿＿＿＿＿＿＿＿＿＿＿＿＿＿＿＿＿＿＿。

知识点 3　报警信号灯的认知

请写出以下报警灯的作用。

名称	图形符号	作用
雾灯指示灯		

续表

名称	图形符号	作用
制动指示灯		
冷却液温度指示灯		
气囊指示灯		
发动机自检灯		

任务实施

　　为了更好地完成本次工作任务，请在课程实施过程中，按照教师的引导完成下面的学习任务。学生根据教材内容及提供的维修手册对本次任务进行学习，并记录技术要求中的相关知识点，把规范的实施步骤记录在下表中。

报警系统的功能检查

操作步骤	图解	完成情况	操作步骤	图解	完成情况
1			2		

续表

操作步骤	图解	完成情况	操作步骤	图解	完成情况
3			4		
5					

反馈评价

在本次学习任务中，得到的总体评价见下表。

评价内容	配分	序号	具体指标	分值	得分		
					自评	组评	师评
仪容仪表	15	1	工作服、鞋、胸卡穿戴整洁	5			
		2	发型、指甲等符合工作要求	5			
		3	不佩戴首饰、钥匙、手表等	5			
学习过程	60	4	无人员受伤及设备损伤事故	5			
		5	车辆的前期准备工作	5			
		6	一油三液的检查	5			
		7	能说出报警系统的功用	5			
		8	能说出报警系统的组成	5			
		9	能识别各种报警图形符号	10			
		10	能指出报警系统在实车上的位置	5			
		11	能利用维修手册电路图进行故障检测与维修	10			
		12	会进行报警系统的功能检查	10			

续表

评价内容	配分	序号	具体指标	分值	得分		
					自评	组评	师评
职业素养	25	13	遵守规章制度	5			
		14	服从安排，积极参与	5			
		15	在规定时间内完成	5			
		16	环保意识	5			
		17	认真执行 5S 工作	5			
综合得分				100			

任务测评

一、填空题

1. 为了保证行车安全、提高车辆可靠性，在汽车仪表板上还安装了许多_____。

2. 冷却液温度表的作用是指示发动机的_____。

二、判断题

1. 安全带指示灯亮时说明安全带已系好。　　　　　　　　　　　　　　（　　）

2. 机油压力报警灯亮时说明润滑系统压力过高。　　　　　　　　　　　（　　）

3. 充电指示灯亮表明蓄电池正在放电。　　　　　　　　　　　　　　　（　　）

4. 当冷却水温度升高到 90～105℃时，报警灯会发亮。　　　　　　　　（　　）

5. 冷却液温度传感器损坏，会造成冷却液温度表指针不动或指示过低。（　　）

任务 4　组合仪表的更换

知识储备

为了完成本次工作任务，请在课前预习教材，熟悉相关应知应会知识点，并完成下面的学习任务。

自学任务：学习教材，独立完成下面的任务。

知识点 1　仪表系统的作用

仪表系统的作用是_____

_____。

知识点 2　仪表系统的组成

仪表系统由_____组成。

知识点 3   组合仪表的认知

请写出下图中组合仪表上的仪表名称。

任务实施

为了更好地完成本次工作任务，请在课程实施过程中，按照教师的引导完成下面的学习任务。学生根据教材内容及提供的维修手册对本次任务进行学习，并记录技术要求中的相关知识点，把规范的实施步骤记录在下表中。

组合仪表的更换

操作步骤	图解	完成情况	操作步骤	图解	完成情况
1			2		
3			4		

续表

操作步骤	图解	完成情况	操作步骤	图解	完成情况
5			6		
7			8		
9			10		
11			12		

反馈评价

在本次学习任务中，得到的总体评价见下表。

评价内容	配分	序号	具体指标	分值	得分		
					自评	组评	师评
仪容仪表	15	1	工作服、鞋、胸卡穿戴整洁	5			
		2	发型、指甲等符合工作要求	5			
		3	不佩戴首饰、钥匙、手表等	5			

续表

评价内容	配分	序号	具体指标	分值	得分		
					自评	组评	师评
学习过程	60	4	无人员受伤及设备损伤事故	10			
		5	车辆的前期准备工作	10			
		6	一油三液的检查	10			
		7	能说出组合仪表上各仪表的作用	10			
		8	能说出组合仪表上各仪表的组成	10			
		9	能进行组合仪表的更换	10			
职业素养	25	10	遵守规章制度	5			
		11	服从安排，积极参与	5			
		12	在规定时间内完成	5			
		13	环保意识	5			
		14	认真执行 5S 工作	5			
综合得分				100			

任务测评

一、填空题

1. 车速里程表由_____和_____两部分组成，用来指示汽车行驶速度和累计行驶里程数。

2. 汽车上较常用的仪表有_____、_____、燃油表、_____及车速里程表等。

3. 电流表用来指示蓄电池的_____，现在被_____灯所代替。

4. 车速里程表是用来指示汽车行驶_____和累计汽车行驶_____，它由_____表和_____表两部分组成。

二、判断题

1. 为了便于驾驶人随时了解汽车各个主要系统的工作情况，正确使用汽车，及时发现问题、采取措施，保证汽车可靠而安全地行驶，汽车上安装了仪表系统。　　（　　）

2. 燃油表用来指示汽车油箱中的油量。　　（　　）

3. 现代汽车许多仪表已被报警灯、指示灯及电子显示装置所取代。　　（　　）

4. 汽车运行中红色充电指示灯亮表示充电。　　（　　）

项目 6 评价

　　本项目学习结束了，感谢你始终如一地努力学习和积极配合。为了能使我们不断地作出改进，提高专业教学效果，我们珍视各种建议、创意和批评。为此，我们很乐于了解你对本项目学习的真实看法。当然，这一过程中所收集的数据采用不记名的方式，我们都将保密，且不会透露给第三方。对于有些问题，只需作出选择；有些问题，则请以几个关键词给出一个简单的答案。

项目名称：　　　　　　　　　　　　教师名称：

课程时间：　年　月　日—　日第　周	很满意	满意	一般	不满意	很不满意
项目教学组织评价☺☺☹					
1. 你对实训楼整个教学秩序是否满意？	☐	☐	☐	☐	☐
2. 你对实训楼整个环境卫生状况是否满意？	☐	☐	☐	☐	☐
3. 你对实训楼学生整体的纪律表现是否满意？	☐	☐	☐	☐	☐
4. 你对你们这一小组的总体表现是否满意？	☐	☐	☐	☐	☐
5. 你对这种理实一体的教学模式是否满意？	☐	☐	☐	☐	☐
培训教师评价☺☺☹					
6. 你如何评价培训教师(总体印象/能力/表达能力/说服力)？	☐	☐	☐	☐	☐
7. 教师组织培训通俗易懂、结构清晰。	☐	☐	☐	☐	☐
8. 教师非常关注学生的反应。	☐	☐	☐	☐	☐
9. 教师能认真指导学生，对任何学生都不放弃。	☐	☐	☐	☐	☐
10. 你对培训氛围是否满意？	☐	☐	☐	☐	☐
11. 你认为理论和实践的比例分配是否合适？	☐	☐	☐	☐	☐
12. 你对教师在岗情况是否满意(上课经常不在培训室、接打手机等)？	☐	☐	☐	☐	☐
培训内容评价☺☺☹					
13. 你对培训涉及的题目及内容是否满意？	☐	☐	☐	☐	☐
14. 课程内容是否适合你的知识水平？	☐	☐	☐	☐	☐
15. 培训中使用的各种器材是否丰富？	☐	☐	☐	☐	☐
16. 你对发放的学生工作手册是否满意？	☐	☐	☐	☐	☐

请回答下列问题。

1. 在学习组织方面，哪些地方还需要进一步改进？

_____

_____

2. 哪些培训内容你特别感兴趣？为什么？

_____

_____

3. 哪些培训内容你不感兴趣？为什么？

_____

_____

4. 关于培训内容，是否还有你想学但教师没有涉及的？如有，请指出。

_____

_____

5. 你对哪些培训内容比较满意？哪些方面还需要进一步改进？

_____

_____

6. 你希望每次活动都给小组留有一定的讨论时间吗？如果有，你认为多长时间合适？

_____

_____

7. 通过这个项目的学习，你最想对自己说些什么？

_____

_____

8. 通过这个项目的学习，你最想对教授本项目的教师说些什么？

_____

_____

任务地图 ——

刮水器、洗涤器系统的检修 ⎯ 电动车窗的检修

刮水器电动机的更换 ⎯ 汽车辅助电气系统构造与维修 ⎯ 电动后视镜的检修

电动座椅的检修 ⎯ 中控门锁的检修

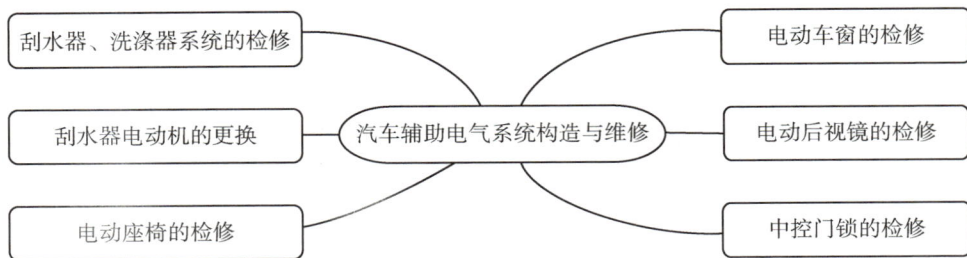

任务 1 刮水器、 洗涤器系统的检修

知识储备 ——

为了完成本次工作任务，请在课前预习教材，熟悉相关应知应会知识点，并完成下面的学习任务。

自学任务：学习教材，独立完成下面的任务。

知识点 1 刮水器挡位识别

①OFF：_____

②INT：_____

③LO：_____

④HI：_____

⑤MIST：_____

知识点 2 刮水器、洗涤器、除霜器相关知识

1. 刮水器根据驱动装置不同分为_____、_____、_____。

2. 洗涤器系统由_____、_____、_____、_____和_____组成。

3. 除霜器的电阻值随温度的变化而变化，具有正温度系数。温度低时，阻值_____，电流_____；温度高时，阻值_____，电流_____。因此，除霜器自身具有一定的调节功能。

任务实施

为了更好地完成本次工作任务，请在课程实施过程中，按照教师的引导完成下面的学习任务。学生根据教材内容及提供的维修手册对本次任务进行学习，并记录技术要求中的相关知识点，把规范的实施步骤记录在下表中。

刮水器和洗涤器的检查调整

操作步骤	图解	完成情况	操作步骤	图解	完成情况
1			2		
3			4		
5			6		

续表

操作步骤	图解	完成情况	操作步骤	图解	完成情况
7			8		
9			10		
11			12		
13			14		

反馈评价

在本次学习任务中，得到的总体评价见下表。

评价内容	配分	序号	具体指标	分值	得分		
					自评	组评	师评
仪容仪表	15	1	工作服、鞋、胸卡穿戴整洁	5			
		2	发型、指甲等符合工作要求	5			
		3	不佩戴首饰、钥匙、手表等	5			
学习过程	60	4	能说出刮水器系统的作用、分类、组成	5			
		5	会分析刮水器的工作原理	5			
		6	能说出洗涤器系统的作用、组成	5			
		7	会分析洗涤器系统的工作原理	5			
		8	会分析风窗除霜系统的工作原理	5			
		9	会分析刮水器、洗涤器的控制电路	10			
		10	会进行刮水器的检查	10			
		11	会进行喷洒位置调整	5			
		12	会更换雨刮片	10			
职业素养	25	13	遵守规章制度	5			
		14	服从安排，积极参与	5			
		15	在规定时间内完成	5			
		16	环保意识	5			
		17	认真执行 5S 工作	5			
综合得分				100			

任务测评

一、填空题

1. 刮水器变速是在_____的理论基础上，采取改变_____的强弱，或者改变_____数多少来实现的。

2. 刮水器的自动复位装置有_____和_____两种。

3. 刮水器的间歇控制按其间歇时间能否调节分为_____和_____。

4. 洗涤器系统的三通喷嘴，喷嘴的喷射压力约_____，喷嘴位置在风窗玻璃下面，其方向可以调整。

5. 洗涤器系统常见故障有喷嘴_____和_____。主要故障原因是_____或_____、_____、_____或_____、_____等。

二、判断题

1. 目前国内外汽车上广泛应用的是复励式电动刮水器。   (   )

2. 永磁式刮水电动机是通过改变正、负电刷之间串联线圈的个数来实现变速的。

                                                                 (   )

3. 晴天刮除风窗玻璃上的灰尘时，应先接通刮水器再接通洗涤器。   (   )

4. 汽车刮水器的自动停位机构可保证刮水器工作结束时将雨刷停在合适位置。

                                                                 (   )

5. 无洗涤液时不得打开洗涤器。   (   )

三、选择题

1. 间歇式电动刮水器每次刮拭后间歇(   )s。

A. 1～2   B. 5～13   C. 2～12

2. 洗涤泵使用间歇时间不得少于(   )s。

A. 3   B. 4   C. 5

任务 2   刮水器电动机的更换

知识储备

为了完成本次工作任务，请在课前预习教材，熟悉相关应知应会知识点，并完成下面的学习任务。

自学任务：学习教材，独立完成下面的任务。

知识点 1   学习刮水器结构，完成下图

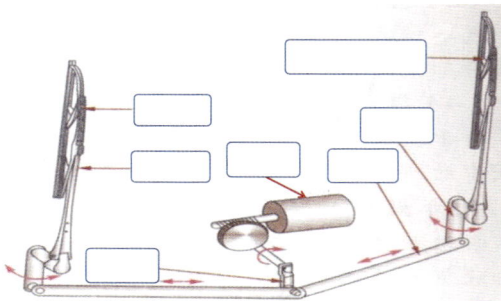

知识点 2　刮水器使用注意事项

1. 检查刮水片摇臂杆是否有_____、_____现象，如果有，及时修理更换。

2. 在清洗刮水片时，可用蘸有_____的棉丝沿刮水方向擦去刮水片上的污物。刮水片不可用_____，否则会引起变形，影响其工作效能。

3. 在冬季，当使用雨刮器时，若发现刮水片被冻结或被雪团卡住时，应立即关闭开关，清除冰块、雪团后方可继续使用，否则会_____。

任务实施

为了更好地完成本次工作任务，请在课程实施过程中，按照教师的引导完成下面的学习任务。学生根据教材内容及提供的维修手册对本次任务进行学习，并记录技术要求中的相关知识点，把规范的实施步骤记录在下表中。

刮水器电动机的更换

操作步骤	图解	完成情况	操作步骤	图解	完成情况
1			2		
3			4		

续表

操作步骤	图解	完成情况	操作步骤	图解	完成情况
5			6		
7			8		
9			10		
11			12		

操作步骤	图解	完成情况	操作步骤	图解	完成情况
13			14		
15			16		
17					

反馈评价

在本次学习任务中，得到的总体评价见下表。

评价内容	配分	序号	具体指标	分值	得分		
					自评	组评	师评
仪容仪表	15	1	工作服、鞋、胸卡穿戴整洁	5			
		2	发型、指甲等符合工作要求	5			
		3	不佩戴首饰、钥匙、手表等	5			
学习过程	60	4	无人员受伤及设备损伤事故	5			
		5	车辆前期准备和安全检查	5			
		6	会拆卸刮水片	5			
		7	会清洁刮水片	5			
		8	会取下塑料盖	5			
		9	会轻放摇臂	5			
		10	会进行摇臂的拆卸	5			
		11	会进行塑料板的拆卸	5			
		12	会拆卸电动机	5			
		13	会检查电动机	5			
		14	会进行刮水器操作机构的安装	5			
		15	会调整刮水器摆臂的位置	5			
职业素养	25	16	遵守规章制度	5			
		17	服从安排，积极参与	5			
		18	在规定时间内完成	5			
		19	环保意识	5			
		20	认真执行 5S 工作	5			
综合得分				100			

任务测评

一、填空题

1. 为了清除风窗玻璃上的灰尘、脏污，汽车上都会配有喷水装置，叫作_____，与刮水器配合使用。

2. 在结冰的天气使用前，先用_____对风窗玻璃加温，可以防止在使用刮水器时清洗液冻在风窗玻璃上而影响视线。

3. 蓄电池的电量难以保持足够的喷射力，因此，在检查喷洗器时，需要_____发动机。

4. 检查喷射位置是否在刮水器的工作区域内，大致在刮水器的刮水范围_____，必要时需要进行调整。

5. 为了防止划破风窗玻璃和损坏刮水器胶条及烧坏电动机，禁止_____；在使用刮水器前，要喷射_____或确保风窗玻璃表面湿润。

6. 检查刮水器在各挡位下的刮水效果，不得有_____或_____现象。

7. 检查当开关关闭时，刮片是否_____位置。

任务 3　电动座椅的检修

知识储备

为了完成本次工作任务，请在课前预习教材，熟悉相关应知应会知识点，并完成下面的学习任务。

自学任务：学习教材，独立完成下面的任务。

知识点 1　电动座椅的组成

电动座椅由_____、_____、传动机构和_____组成。

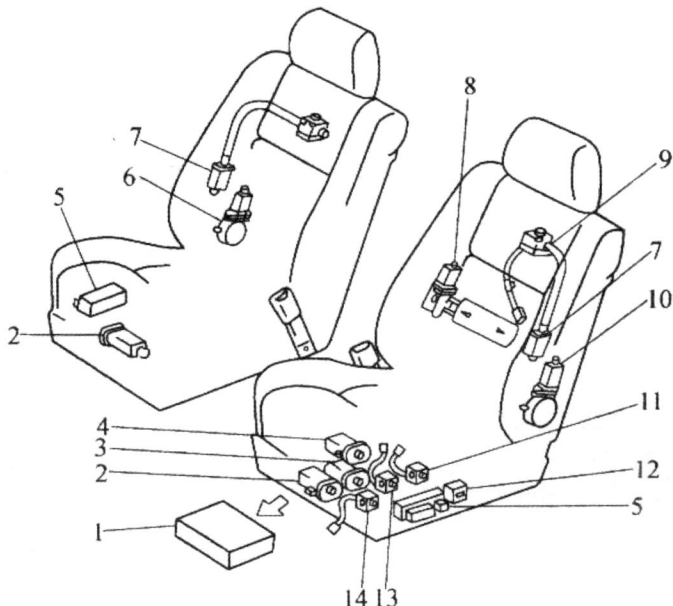

1. _____	2. _____	3. _____	4. _____	5. _____
6. _____	7. _____	8. _____	9. _____	10. _____
11. _____	12. _____	13. _____	14. _____	

知识点 2 　电动座椅的控制电路

请在下图画出电动座椅向前移动的电流路线。

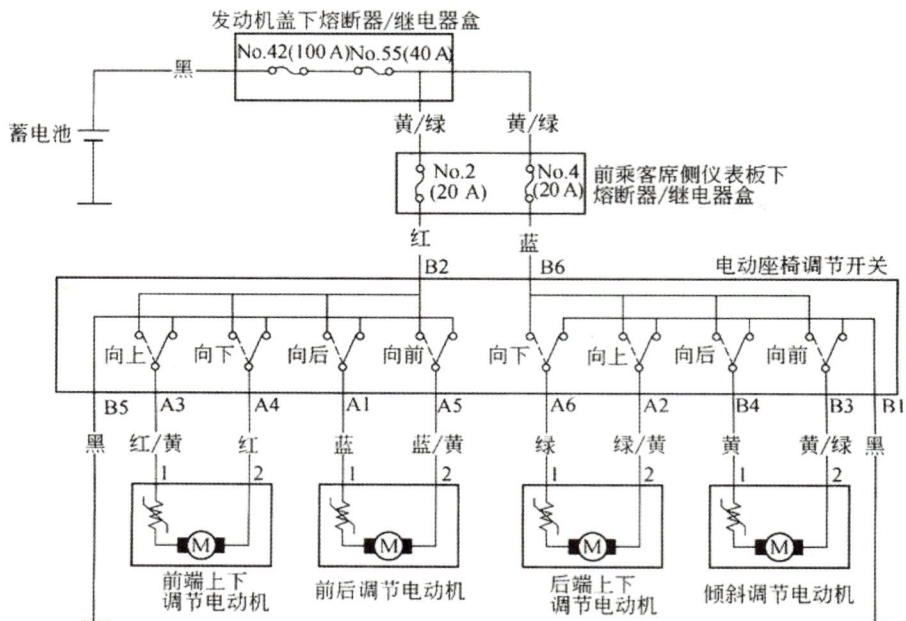

任务实施

为了更好地完成本次工作任务，请在课程实施过程中，按照教师的引导完成下面的学习任务。学生根据教材内容及提供的维修手册对本次任务进行学习，并记录技术要求中的相关知识点，把规范的实施步骤记录在下表中。

电动座椅的功能检查

操作步骤	图解	完成情况	操作步骤	图解	完成情况
1			2		

续表

操作步骤	图解	完成情况	操作步骤	图解	完成情况
3			4		
5			6		

反馈评价

在本次学习任务中，得到的总体评价见下表。

评价内容	配分	序号	具体指标	分值	得分		
					自评	组评	师评
仪容仪表	15	1	工作服、鞋、胸卡穿戴整洁	5			
		2	发型、指甲等符合工作要求	5			
		3	不佩戴首饰、钥匙、手表等	5			
学习过程	60	4	能说出电动座椅的作用、组成	15			
		5	会分析电动座椅的工作原理	15			
		6	会分析电动座椅的控制电路	10			
		7	会检查电动座椅垂直移动	5			
		8	会检查电动座椅纵向移动	5			
		9	会检查电动座椅靠背调整	5			
		10	会检查电动座椅位置记忆功能	5			
职业素养	25	11	遵守规章制度	5			
		12	服从安排，积极参与	5			
		13	在规定时间内完成	5			
		14	环保意识	5			
		15	认真执行 5S 工作	5			
综合得分				100			

任务测评 ——

一、判断题

1. 电动座椅系统中，六个方向的电动座椅用一台可逆永磁式三电枢的电动机。

（   ）

2. 有些电动座椅系统具有存储功能。通过位置传感器（电位计）来检测座椅的调定位置，座椅的位置固定后，驾驶人按下存储器相应的按钮，存储器就将位置传感器的信息存储起来，作为以后自动调整的依据。（   ）

3. 流过电动调整座椅电动机的电流方向，决定了电动机的旋转方向。（   ）

二、选择题

1. 在电动座椅中，一般一个电动机可完成座椅（   ）。

A. 1 个方向的调整   B. 2 个方向的调整

C. 3 个方向的调整   D. 4 个方向的调整

2. 电动座椅完全不动作可能的原因有（   ）。

A. 熔断器断路   B. 线路断路

C. 座椅开关有故障   D. 电动机损坏

三、填空题

1. 为防止电动机过载，大多数永磁式电动机内装有_____。

2. 电动座椅的传动部分由_____、_____、_____及_____等组成。

任务 4　电动车窗的检修

知识储备 ——

为了完成本次工作任务，请在课前预习教材，熟悉相关应知应会知识点，并完成下面的学习任务。

自学任务：学习教材，独立完成下面的任务。

知识点 1　电动车窗的特点

1. _____。

2. _____。

3. _____。

知识点 2　电动车窗的组成

电动车窗主要由_____、_____、开关（_____、分控开关）部分组成。

任务实施

　　为了更好地完成本次工作任务，请在课程实施过程中，按照教师的引导完成下面的学习任务。学生根据教材内容及提供的维修手册对本次任务进行学习，并记录技术要求中的相关知识点，把规范的实施步骤记录在下表中。

电动车窗和电动天窗的功能检查

操作步骤	图解	完成情况	操作步骤	图解	完成情况
1			2		
3			4		
5			6		

续表

操作步骤	图解	完成情况	操作步骤	图解	完成情况
7			8		

反馈评价

在本次学习任务中，得到的总体评价见下表。

评价内容	配分	序号	具体指标	分值	得分		
					自评	组评	师评
仪容仪表	15	1	工作服、鞋、胸卡穿戴整洁	5			
		2	发型、指甲等符合工作要求	5			
		3	不佩戴首饰、钥匙、手表等	5			
学习过程	60	4	能说出电动座椅的作用、分类、组成	5			
		5	会分析电动车窗的工作原理	10			
		6	检查驾驶人员侧车窗	5			
		7	启动紧急模式和车窗初始化	5			
		8	检查电动天窗	5			
		9	会进行电动天窗的初始化	10			
		10	会进行电动车窗的常见故障检修	10			
		11	检查后排车窗安全锁止键	5			
		12	检查前排乘员侧及后排车窗	5			
职业素养	25	13	遵守规章制度	5			
		14	服从安排，积极参与	5			
		15	在规定时间内完成	5			
		16	环保意识	5			
		17	认真执行 5S 工作	5			
综合得分				100			

任务测评

一、判断题

1. 门窗齿轮、齿条将电动机的旋转运动变为门窗玻璃的上下运动。　　　（　　）

2. 电动车窗系统中设置有两套开关，一套装在仪表板上，为总开关；另一套分别装在每个车窗中部，为分开关。　　　（　　）

3. 汽车左后门玻璃不能正常升降是因为总熔断器损坏。　　　（　　）

二、选择题

1. 电动车窗中的电动机一般为（　　　）。

A. 单向直流电动机　　　　　　　　　　B. 单向交流电动机

C. 双向交流电动机　　　　　　　　　　D. 永磁双向直流电动机

2. 电动车窗的特点有（　　　）。

A. 具有单按系统　　　　　　　　　　　B. 能够在车外关闭门窗

C. 具有安全控制　　　　　　　　　　　D. 以上都对

三、填空题

1. 电动玻璃升降器传动机构常见有_____和_____两种。

2. 电动天窗按操作方式可分为_____式、手动上推式和_____式。

3. 电动车窗常见故障有_____、某车窗不能升降或只能一个方向运动。

任务 5　电动后视镜的检修

知识储备

为了完成本次工作任务，请在课前预习教材，熟悉相关应知应会知识点，并完成下面的学习任务。

自学任务：学习教材，独立完成下面的任务。

知识点　电动后视镜的作用及组成

1. 电动后视镜的作用是_____，驾驶人可以通过电动机方便快捷地调整。

2. 电动后视镜主要调整_____，_____和_____三个方面的内容。

3. 学习路径电动后视镜主要由_____、_____和_____组成。

学习任务

为了完成本次工作任务，请在课程学习过程中，按照教师的引导完成下面的学习任务。

学习任务 1　填写桑塔纳 2000 电动后视镜控制开关的工作状态表

后视镜	端子号\动作	1	2	3	4	5	6	7
左	上							
	下							
	左							
	右							
右	上							
	下							
	左							
	右							

学习任务 2　分析带电动伸缩功能的电动后视镜的控制电路

1. 工作原理：_____。

2. 与桑塔纳 2000 电动后视镜的区别：_____

_____。

学习任务 3　总结带电动伸缩功能的电动后视镜的控制电路

1. 工作原理：_____。

2. 电动后视镜常见故障有_____和_____。

3. 电动后视镜不工作常见的原因有_____、_____和_____。

反馈评价

在本次学习任务中，得到的总体评价见下表。

评价内容	配分	序号	具体指标	分值	得分		
					自评	组评	师评
仪容仪表	15	1	工作服、鞋、胸卡穿戴整洁	5			
		2	发型、指甲等符合工作要求	5			
		3	不佩戴首饰、钥匙、手表等	5			
学习过程	60	4	无人员受伤及设备损伤事故	5			
		5	车辆的前期准备工作	5			
		6	一油三液的检查	5			
		7	叙述电动后视镜的作用	10			

续表

评价内容	配分	序号	具体指标	分值	得分		
					自评	组评	师评
		8	能说出电动后视镜各部分组成，并指出在实车上的位置	10			
		9	会分析电动后视镜的工作原理	15			
		10	能分析电动后视镜的故障原因	10			
职业素养	25	11	遵守规章制度	5			
		12	服从安排，积极参与	5			
		13	在规定时间内完成	5			
		14	环保意识	5			
		15	认真执行 5S 工作	5			
综合得分				100			

任务测评

一、填空题

1．电动后视镜不工作的原因由_____、_____或者_____引起。

2．电动后视镜的背后装有两套_____和_____，可操纵反射镜上下及左右转动。

3．后视镜的调整主要是调整_____，以便驾驶人能够及时看清。

4．后视镜的加热功能主要用于_____和_____。

5．对于电动后视镜部分功能不正常可以先检查_____，再检查_____。

二、判断题

1．每个电动后视镜的镜片后面都有 4 个电动机来实现后视镜的调整。　　（　　）

2．后视镜由一个开关控制，能多方向运动，可使一个微电机或者两个同时工作。
　　（　　）

3．电动后视镜是由蓄电池供给 12V 的电压。　　（　　）

4．只要通过改变电动机的电流方向，即可完成后视镜的上下及左右调整。　（　　）

5．电动后视镜都不工作是由于搭铁线路断路引起的。　　（　　）

三、简答题

1. 简述桑塔纳 2000 电动后视镜的工作原理。

2. 分析电动后视镜的常见故障及原因。

任务 6　中控门锁的检修

知识储备 ——

为了完成本次工作任务，请在课前预习教材，熟悉相关应知应会知识点，并完成下面的学习任务。

自学任务：学习教材，独立完成下面的任务。

知识点　中控门锁的作用及组成

1. 汽车门锁是保证_____，要求是_____，提高汽车的安全性和方便性。

2. 汽车门锁主要有_____、_____和_____三种控制方式。

3. 汽车门锁主要由_____、_____和_____组成。

4. 电磁铁式门锁执行机构内部有_____，分别用于_____和_____。

学习任务 ——

为了完成本次工作任务，请在课程学习过程中，按照教师的引导完成下面的学习任务。

学习任务 1　中控门锁的组成

1. 电动中门门锁的执行机构利用_____来实现门锁的开、关动作。直流电动机式主要由_____、_____、_____、_____及连杆操纵组成。

2. 现在汽车上常用的门锁控制器是_____。

(1) 当汽车车速 < 10km/h 时，_____。

(2) 当汽车车速 > 10km/h 时，_____。

学习任务 2　中控门锁的基本工作原理

根据电路图分析工作原理。

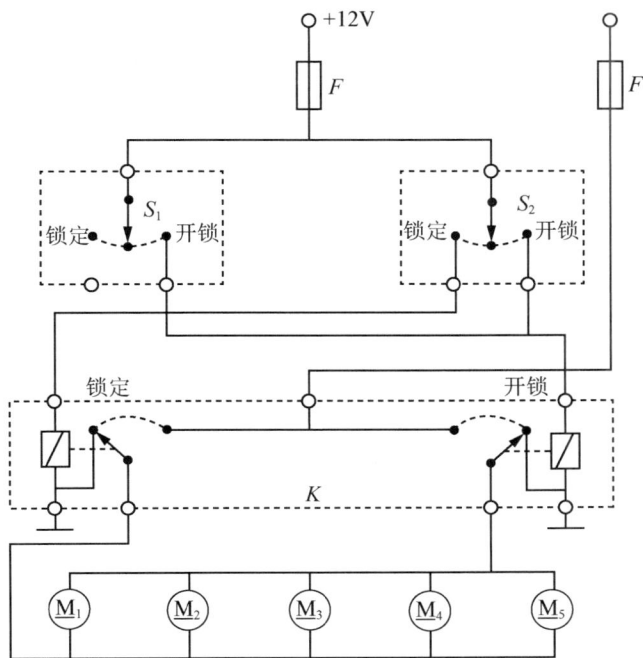

1. 门锁开关都不接通时：_____

_____。

2. 门锁开关接通时：_____

_____。

学习任务 3　中控门锁的常见故障诊断

1. 全部门锁不能工作的原因：_____。

2. 全部门锁不能工作的诊断方法：（1）_____；（2）_____；

（3）_____；（4）_____。

3. 部分门锁不能工作的原因：_____。

4. 部分门锁不能工作的诊断方法：（1）_____；（2）_____。

反馈评价

在本次学习任务中，得到的总体评价见下表。

评价内容	配分	序号	具体指标	分值	得分		
					自评	组评	师评
仪容仪表	15	1	工作服、鞋、胸卡穿戴整洁	5			
		2	发型、指甲等符合工作要求	5			
		3	不佩戴首饰、钥匙、手表等	5			
学习过程	60	4	无人员受伤及设备损伤事故	5			
		5	车辆的前期准备工作	5			
		6	一油三液的检查	5			
		7	会叙述电动中央门锁系统的作用	10			
		8	能说出电动中央门锁系统的组成	10			
		9	会分析电动中央门锁系统的工作原理	15			
		10	能够结合电路图分析电动中央门锁的控制电路及相关故障	10			
职业素养	25	11	遵守规章制度	5			
		12	服从安排，积极参与	5			
		13	在规定时间内完成	5			
		14	环保意识	5			
		15	认真执行 5S 工作	5			
综合得分				100			

任务测评

一、填空题

1. 除驾驶人身边的车门外，还在其他车门设置单独的_____，可独立地控制一个车门的_____和_____。

2. 电动中央门锁主要由_____、_____和_____组成。

3. 驾驶人或乘员利用_____可以接通或断开_____，包括锁定和开锁两个继电器。

4. 门锁控制器为门锁执行机构提供_____、_____，分为晶体管式门锁控制器、电容式门锁控制器、车速感应式门锁控制器。

5. 电动机式门锁执行机构采用_____，利用控制直流电动机的_____来实现门锁的开、关动作。

二、判断题

1. 中央控制门锁不需要微机控制单元。　　　　　　　　　　　　　　　（　　）

2. 当汽车行驶达到一定的速度之后，各个车门能够自行锁上，防止乘员误操作打开车门。　　　　　　　　　　　　　　　　　　　　　　　　　　　　　　　（　　）

3. 在加装电控中央门锁的汽车上，其他三个车门锁扣不能单独操纵。　　（　　）

4. 电动中央门锁常见的故障有所有门锁均不工作、某个门锁不能工作。　（　　）

5. 在检查个别门锁不工作时，可以先检查线路是否正常，再检查开关和电动机。

　　　　　　　　　　　　　　　　　　　　　　　　　　　　　　　　（　　）

三、简答题

1. 简述门锁无线遥控系统的工作原理。

2. 简述如何进行电动中央门锁的故障分析。

项目 7 评价

　　本项目学习结束了，感谢你始终如一地努力学习和积极配合。为了能使我们不断地作出改进，提高专业教学效果，我们珍视各种建议、创意和批评。为此，我们很乐于了解你对本项目学习的真实看法。当然，这一过程中所收集的数据采用不记名的方式，我们都将保密，且不会透露给第三方。对于有些问题，只需作出选择；有些问题，则请以几个关键词给出一个简单的答案。

项目名称：　　　　　　　　　　　　　　　　教师名称：

课程时间：　　年　　月　　日—　　日第　　周　　　很满意　满意　一般　不满意　很不满意

项目教学组织评价☺☺☹

1. 你对实训楼整个教学秩序是否满意？　　　　　□　　　□　　　□　　　□　　　□

2. 你对实训楼整个环境卫生状况是否满意？　　　□　　　□　　　□　　　□　　　□

3. 你对实训楼学生整体的纪律表现是否满意？　　□　　　□　　　□　　　□　　　□

4. 你对你们这一小组的总体表现是否满意？　　　□　　　□　　　□　　　□　　　□

5. 你对这种理实一体的教学模式是否满意?　☐　☐　☐　☐　☐

培训教师评价☺☺☹

6. 你如何评价培训教师(总体印象/能力/表达能力/说　☐　☐　☐　☐　☐
　 服力)?

7. 教师组织培训通俗易懂、结构清晰。　☐　☐　☐　☐　☐

8. 教师非常关注学生的反应。　☐　☐　☐　☐　☐

9. 教师能认真指导学生,对任何学生都不放弃。　☐　☐　☐　☐　☐

10. 你对培训氛围是否满意?　☐　☐　☐　☐　☐

11. 你认为理论和实践的比例分配是否合适?　☐　☐　☐　☐　☐

12. 你对教师在岗情况是否满意(上课经常不在培训室、　☐　☐　☐　☐　☐
　　 接打手机等)?

培训内容评价☺☺☹

13. 你对培训涉及的题目及内容是否满意?　☐　☐　☐　☐　☐

14. 课程内容是否适合你的知识水平?　☐　☐　☐　☐　☐

15. 培训中使用的各种器材是否丰富?　☐　☐　☐　☐　☐

16. 你对发放的学生工作手册是否满意?　☐　☐　☐　☐　☐

请回答下列问题。

1. 在学习组织方面,哪些地方还需要进一步改进?

_____

_____

2. 哪些培训内容你特别感兴趣? 为什么?

_____

_____

3. 哪些培训内容你不感兴趣? 为什么?

_____

_____

4. 关于培训内容,是否还有你想学但教师没有涉及的? 如有,请指出。

_____

_____

5. 你对哪些培训内容比较满意? 哪些方面还需要进一步改进?

_____

_____

6. 你希望每次活动都给小组留有一定的讨论时间吗？如果有，你认为多长时间合适？

_____

_____

7. 通过这个项目的学习，你最想对自己说些什么？

_____

_____

8. 通过这个项目的学习，你最想对教授本项目的教师说些什么？

_____

_____

项目 8
车辆安全系统构造与维修

任务地图 ————————————————————————————————————

```
                                    ┌──────────────────┐
                                    │   安全带的检修    │
                                    └──────────────────┘
┌─────────────────────┐             ┌──────────────────┐
│ 车辆安全系统构造与维修 │────────────│   安全气囊的认知   │
└─────────────────────┘             └──────────────────┘
                                    ┌──────────────────┐
                                    │  汽车防盗系统的检修 │
                                    └──────────────────┘
```

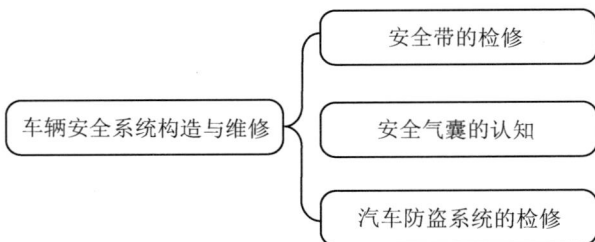

任务 1　安全带的检修

知识储备 ————————————————————————————————————

为了完成本次工作任务，请在课前预习教材，熟悉相关应知应会知识点，并完成下面的学习任务。

自学任务：学习教材，独立完成下面的任务。

1. 安全带按照不同的方式可以分为_____、_____、_____。

2. 按照智能化程度，安全带分为_____和_____。

3. 安全带主要由_____、_____和_____组成。

4. 将安全带拉伸，卷收器弹簧的弹性势能将_____。

任务实施 ————————————————————————————————————

为了更好地完成本次工作任务，请在课程实施过程中，按照教师的引导完成下面的学习任务。学生根据教材内容及提供的维修手册对本次任务进行学习，并记录技术要求中的相关知识点，把规范的实施步骤记录在下表中。

安全带的检修

操作步骤	图解	完成情况	操作步骤	图解	完成情况
1			2		
3			4		
5			6		
7			8		
9			10		

反馈评价

在本次学习任务中，得到的总体评价见下表。

评价内容	配分	序号	具体指标	分值	得分		
					自评	组评	师评
仪容仪表	15	1	工作服、鞋、胸卡穿戴整洁	5			
		2	发型、指甲等符合工作要求	5			
		3	不佩戴首饰、钥匙、手表等	5			
学习过程	60	4	无人员受伤及设备损伤事故	5			
		5	车辆的前期准备工作	5			
		6	一油三液的检查	5			
		7	能说出安全带的功用和组成	10			
		8	会进行安全带的功能检查	10			
		9	会分析安全带的工作原理	10			
		10	会进行安全带的检修	15			
职业素养	25	11	遵守规章制度	5			
		12	服从安排，积极参与	5			
		13	在规定时间内完成	5			
		14	环保意识	5			
		15	认真执行 5S 工作	5			
综合得分				100			

任务测评

一、填空题

1. 安全带按照固定方式不同可以分为_____、_____和_____。

2. 安全带按照智能化程度不同可以分为_____和_____。

3. 安全带主要由_____、_____和_____组成。

4. 两点式安全带的缺点是乘员上身容易倾斜，前排座乘员头部易撞到风窗玻璃或仪表盘上，故主要用在_____。

5. 被动式安全带需要乘员自行进行佩戴，目前大部分的汽车都是_____。

二、判断题

1. 对于安全带织带部分只要求抗拉强度，避免乘员用力拉扯断裂。   （   ）

2. 目前汽车上大部分使用的是两点式的安全带。　　　　　　　　　（　　　）

3. 按照智能化程度，安全带分为半自动式安全带和全自动式安全带。（　　　）

4. 为了防止乘员在碰撞时拉伤自己，安全带的宽度应该越宽越好。　（　　　）

5. 卷收器的作用是储存织带和锁止织带拉出，它是安全带系统中最复杂的机械件。

　　　　　　　　　　　　　　　　　　　　　　　　　　　　　　　（　　　）

三、简答题

1. 安全带主要分为哪几种？目前常用的是哪一种？有什么优点？

2. 安全带的工作原理是什么？

3. 为什么不能快速地拉动安全带？

任务 2　安全气囊的认知

知识储备

　　为了完成本次工作任务，请在课前预习教材，熟悉相关应知应会知识点，并完成下面的学习任务。

　　自学任务：学习教材，独立完成下面的任务。

　　知识点　安全气囊的认知

1. 安全气囊必须与_____配合使用才能有效保护乘客的安全。

2. 按照用途的不同，碰撞传感器分为_____和_____。

3. 气囊组件主要包括_____、_____以及点火器等。

4. 气体发生器自安装之日起，应_____更换 1 次。

任务实施

　　为了更好地完成本次工作任务，请在课程实施过程中，按照教师的引导完成下面的学习任务。学生根据教材内容及提供的维修手册对本次任务进行学习，并记录技术要求中的相关知识点，把规范的实施步骤记录在下表中。

安全气囊的实车位置认知

操作步骤	图解	完成情况	操作步骤	图解	完成情况
1			2		
3			4		
5			6		
7			8		
9					

反馈评价

在本次学习任务中，得到的总体评价见下表。

评价内容	配分	序号	具体指标	分值	得分		
					自评	组评	师评
仪容仪表	15	1	工作服、鞋、胸卡穿戴整洁	5			
		2	发型、指甲等符合工作要求	5			
		3	不佩戴首饰、钥匙、手表等	5			
学习过程	60	4	无人员受伤及设备损伤事故	5			
		5	车辆的前期准备工作	5			
		6	一油三液的检查	5			
		7	能说出安全气囊的功用和组成	10			
		8	会指出安全气囊在实车上的位置	10			
		9	会说出安全气囊使用注意事项	15			
		10	会分析安全气囊的工作原理	10			
职业素养	25	11	遵守规章制度	5			
		12	服从安排，积极参与	5			
		13	在规定时间内完成	5			
		14	环保意识	5			
		15	认真执行 5S 工作	5			
综合得分				100			

任务测评

一、填空题

1. 汽车的安全系统可分为两大类：第一类制动系统属于_____安全系统；第二类安全气囊系统属于_____安全系统。

2. 按照安全气囊的触发机构可分为_____和_____两种。

3. 安全气囊控制单元功能是_____，判断是否启动安全气囊系统。

4. 气囊点火器的电阻值为_____ Ω。

5. 放置拆下来的安全气囊总成时必须使面_____朝上。

二、判断题

1. 安全气囊只能一次性工作，而座椅安全带收紧器却可以多次重复使用。　（　　　）

2. 当有几个拆下来的安全气囊放置在一起时应堆放整齐。（　　）

3. 安全气囊点火器的引线连接器内一般都设有短路片，是为了防止静电或误通电而造成气囊误爆。（　　）

4. 正常情况下，打开点火开关后，气囊指示灯应点亮几秒，一直亮或在行驶途中突然点亮表示气囊系统有故障，应及时检修。（　　）

5. 在维修气囊系统时应该注意备用电源的作用，在断开蓄电池电源后仍需要等待一段时间以备用电源放电。（　　）

三、简答题

1. 安全气囊的工作原理是什么？

2. 安全气囊的组成及各组成的作用是什么？

任务 3　汽车防盗系统的检修

知识储备 ————————————————————————————————————

为了完成本次工作任务，请在课前预习教材，熟悉相关应知应会知识点，并完成下面的学习任务。

自学任务：学习教材，独立完成下面的任务。

知识点　防盗系统的功用和分类

1. 电子式防盗装置主要有以下几种功能：_____、_____、_____、_____。

2. GPS卫星定位汽车防盗系统有如下五大功能：_____、_____、_____、_____和_____。

3. 通过将防盗器与汽车电路配接在一起，可以达到防止车辆_____、_____、保护汽车并实现防盗器各种功能的目的。

4. 机械式防盗装置是市面上最常见、最廉价的一种防盗器形式，主要有_____、_____和_____三种。

任务实施

　　为了更好地完成本次工作任务，请在课程实施过程中，按照教师的引导完成下面的学习任务。学生根据教材内容及提供的维修手册对本次任务进行学习，并记录技术要求中的相关知识点，把规范的实施步骤记录在下表中。

防盗装系统的检修

操作步骤	图解	完成情况	操作步骤	图解	完成情况
1			2		
3			4		
5	断开蓄电池负极		6		

续表

操作步骤	图解	完成情况	操作步骤	图解	完成情况
7			8		
9			10		
11					

反馈评价 ——————————————————————————————————————

在本次学习任务中，得到的总体评价见下表。

评价内容	配分	序号	具体指标	分值	得分		
					自评	组评	师评
仪容仪表	15	1	工作服、鞋、胸卡穿戴整洁	5			
		2	发型、指甲等符合工作要求	5			
		3	不佩戴首饰、钥匙、手表等	5			
学习过程	60	4	无人员受伤及设备损伤事故	5			
		5	车辆的前期准备工作	5			
		6	一油三液的检查	5			
		7	能说出汽车防盗系统的功用和组成	10			
		8	会进行汽车防盗系统的功能检查	10			
		9	会分析汽车防盗系统的工作原理	10			
		10	会进行汽车防盗系统的检修	15			
职业素养	25	11	遵守规章制度	5			
		12	服从安排，积极参与	5			
		13	在规定时间内完成	5			
		14	环保意识	5			
		15	认真执行 5S 工作	5			
综合得分				100			

任务测评 ——————————————————————————————————————

一、填空题

1. 防盗 ECU 是一个包括微处理器的_____，在点火开关接通时，防盗 ECU 用于系统密码_____、_____，并控制整个系统的校验。

2. 为门锁执行器提供闭锁、开锁、_____的装置，称为门锁执行器。

3. GPS 卫星定位汽车防盗系统有如下五大功能：_____、_____、_____、_____、_____。

4. 电子防盗系统主要由_____、_____、_____和执行机构等组成。

5. 现代汽车防盗系统被设置后，再被强行_____时，车辆都会使灯光和_____在 2～7min 的时间内发出声光报警_____，并断开点火与_____电路。

二、判断题

1. 如果防盗系统出现故障，可以通过读取数据流的方式来确定故障部位和原因。

（　　）

2. 汽车防盗装置脉冲转发器是需要电池驱动的感应和发射元件。（　　）

3. 汽车防盗装置是一种点火开关接通后开始工作的电子防盗装置。（　　）

4. 可将匹配过的汽车防盗钥匙再次进行匹配。（　　）

5. 当中央门锁出现故障时，汽车防盗功能不受影响。（　　）

三、简答题

1. 简述桑塔纳 2000GSI 轿车防盗系统的工作原理。

2. GPS 卫星定位汽车防盗系统网络式防盗器的优点是什么？

项目 8 评价

　　本项目学习结束了，感谢你始终如一地努力学习和积极配合。为了能使我们不断地作出改进，提高专业教学效果，我们珍视各种建议、创意和批评。为此，我们很乐于了解你对本项目学习的真实看法。当然，这一过程中所收集的数据采用不记名的方式，我们都将保密，且不会透露给第三方。对于有些问题，只需作出选择；有些问题，则请以几个关键词给出一个简单的答案。

项目名称：　　　　　　　　　　　　教师名称：

课程时间：　　年　月　日—　日第　周

项目教学组织评价☺☺☹

	很满意	满意	一般	不满意	很不满意
1. 你对实训楼整个教学秩序是否满意？	☐	☐	☐	☐	☐
2. 你对实训楼整个环境卫生状况是否满意？	☐	☐	☐	☐	☐
3. 你对实训楼学生整体的纪律表现是否满意？	☐	☐	☐	☐	☐
4. 你对你们这一小组的总体表现是否满意？	☐	☐	☐	☐	☐
5. 你对这种理实一体的教学模式是否满意？	☐	☐	☐	☐	☐

培训教师评价☺☺☹

6. 你如何评价培训教师(总体印象/能力/表达能力/说服力)？ ☐ ☐ ☐ ☐ ☐

7. 教师组织培训通俗易懂、结构清晰。 ☐ ☐ ☐ ☐ ☐

8. 教师非常关注学生的反应。 ☐ ☐ ☐ ☐ ☐

9. 教师能认真指导学生，对任何学生都不放弃。 ☐ ☐ ☐ ☐ ☐

10. 你对培训氛围是否满意？ ☐ ☐ ☐ ☐ ☐

11. 你认为理论和实践的比例分配是否合适？ ☐ ☐ ☐ ☐ ☐

12. 你对教师在岗情况是否满意(上课经常不在培训室、接打手机等)？ ☐ ☐ ☐ ☐ ☐

培训内容评价☺☺☹

13. 你对培训涉及的题目及内容是否满意？ ☐ ☐ ☐ ☐ ☐

14. 课程内容是否适合你的知识水平？ ☐ ☐ ☐ ☐ ☐

15. 培训中使用的各种器材是否丰富？ ☐ ☐ ☐ ☐ ☐

16. 你对发放的学生工作手册是否满意？ ☐ ☐ ☐ ☐ ☐

请回答下列问题。

1. 在学习组织方面，哪些地方还需要进一步改进？

_____

_____

2. 哪些培训内容你特别感兴趣？为什么？

_____

_____

3. 哪些培训内容你不感兴趣？为什么？

_____

_____

4. 关于培训内容，是否还有你想学但教师没有涉及的？如有，请指出。

_____

_____

5. 你对哪些培训内容比较满意？哪些方面还需要进一步改进？

_____

_____

6. 你希望每次活动都给小组留有一定的讨论时间吗？如果有，你认为多长时间合适？

_____

_____

7. 通过这个项目的学习，你最想对自己说些什么？

_____

_____

8. 通过这个项目的学习，你最想对教授本项目的教师说些什么？

_____

_____